Königs Erläuterungen und Materialien
Band 189

Gerhart Hauptmann
Die Weber

14. Auflage

Neu bearbeitet und ergänzt
von Reiner Poppe

C. Bange Verlag – Hollfeld/Ofr.

Herausgegeben von Gerd Eversberg, Dr. Peter Beyersdorf und Reiner Poppe.

ISBN 3–8044–0274–7

Druck: Lorenz Ellwanger,
8580 Bayreuth, Maximilianstraße 58/60

Inhaltsübersicht

Vorbemerkung

Hätte Gerhart Hauptmann kein anderes als das „Weber-Drama" geschrieben, er wäre dennoch als bedeutender Bühnenschriftsteller in die Literaturgeschichte eingegangen. Soviel ist gewiß: Trotz weiterer, sehr bekannter Bühnenstücke – „Der Biberpelz", „Fuhrmann Henschel", „Rose Bernd" oder „Die Ratten" – gründen sich Hauptmanns Ruf und Ruhm als großer Dramatiker in erster Linie auf „Die Weber".[1*])

Dieses Schauspiel aus den Jahren 1892/ 93 zählt zu den frühen dramatischen Werken des Dichters.[2**]) Dem jugendlichen Leser unserer Tage mag gerade der junge Gerhart Hauptmann in seinem Kampf um die (künstlerische) Daseinsrechtfertigung mit allen Tiefen des Suchens, Irrens und Hoffens menschlich viel näherkommen als der gereifte, in der Weltliteratur etablierte Literat der mittleren und späten Jahre. Er könnte Leitbild für viele sein, die gegenwärtig – wie er zu seiner Zeit – gegen Militarismus, Unterdrückung und Verfolgung kämpfen und um eine lebenswerte Zukunft ringen.

Leben und Werk sind bei Gerhart Hauptmann untrennbar miteinander verbunden. Wie kein anderer Dichter seiner Zeit hat er den unbehausten Menschen in den Mittelpunkt seines Fragens und Denkens gerückt, und seit Gerhart Hauptmann wissen wir, daß auch „das proletarische Milieu tragende Themen von erschütternder Wucht" hervorbringen kann (Holthusen, S. 73). Besonders in seinen sozialen Dramen kommen seine künstlerische Individualität und seine zeitkritische Sicht zum Ausdruck, wenn er

---

[1]) S. Hoefert hebt hervor, daß die „Weber" das expressionistische Drama vorbereiten und macht auf die Wirkung des Schauspiels in Rußland aufmerksam.

[2]) Das Jahr 1904 markiert eine Wende in Hauptmanns Leben (Scheidung von seiner Frau Marie, geb. Thienemann). – Zu den frühen Dramen zählen die bis zum Jahre 1896 („Florian Geyer") erschienenen.

die Menschen in ihrem oftmals „ergreifenden Ringen um Menschenwürde" auf die Bühne bringt, wie Eberhard Hilscher in seiner anerkannten Hauptmann-Biographie schreibt. (Hilscher, S. 504)

Aber Gerhart Hauptmann war kein Volkstribun, kein Held oder Rebell. Er war – auch nach seinen eigenen Worten – stets ein Dichter, dem das „Ewigkeitsschicksal wichtiger war als das zerebrale Bewußtsein einer Epoche"; er war, wie Améry schreibt, im „edelsten, besten, aber auch tragisch-verworrensten Sinne – der ewige Deutsche". (Améry, S. 148)

Gerhart Hauptmann größtes literarisches Verdienst ist es, bei Hebbel angeknüpft, das deutsche Drama von dort aus dem Stillstand gerissen, zum Leben erweckt und „an der zeitgenössischen Wirklichkeit orientiert" zu haben. (Hilscher, S. 501)

Trotz seines Realitätsbezuges und seiner menschlichen Aufrichtigkeit blieb Hauptmann auf eine beinahe merkwürdige Weise ein ‚Unpolitischer', ein Träumer, der oftmals der Realität auswich und dem Schicksal, auch anderen dunklen Mächten, das letzte Wort überließ. Letztlich bezweifelte er die wissenschaftliche Durchdringbarkeit der Welt, und so wie bei ihm der Mythos „in zunehmendem Maße mit Rauschhaft-Dionysischem und Mystischem" verschmolz, büßte sein Werk an Realität ein. (Hilscher, S. 331)

Umfang und Mannigfaltigkeit des Hauptmannschen Werkes suchen (neben dem Goethes) ihresgleichen. So vermischen sich auch Erschrecken, Staunen, Kritik und Bewunderung für diesen Dichter und Denker, der auf seine Weise einzigartig in der deutschen Literatur steht.

Sucht man einen Fixpunkt, ein positives Konzentrat, ein Ziel im Wort und Werk Gerhart Hauptmanns, so findet man sie im Tod des alten Hilse, nämlich „Liebe zu denen zu erwecken, deren Leben aufgrund der sozialen Verhältnisse am stärksten dem Leiden verhaftet ist". (Wolff, S. 259)

1. Zeittafel (Leben – Werke)[3]*)

1862	Gerhart Hauptmann wird am 15. November im Hotel „Zur Krone“ in Ober-Salzbrunn/Schlesien (heute: Szczawno Zdrój) geboren.	
1868	Er besucht die Dorfschule.	
1874	Er tritt in die 1. Klasse (Sexta) der Breslauer Realschule am Zwinger ein. Dort geht auch sein älterer Bruder Carl H. zur Schule.	
1877	G. Hauptmanns Vater muß das Hotel verkaufen. Er übernimmt die Bahnhofswirtschaft in Sorgau (Nowosielce).	
1878	G. Hauptmann verläßt die Breslauer Realschule und tritt eine Arbeit als Landwirtschaftsélève auf dem Rittergut seines Onkels in Lohnig, später in Lederose an.	
1879	Wegen seiner schwächlichen Konstitution bricht G. Hauptmann die Ausbildung ab. Privat will er sich auf das Realschul-Examen vorbereiten. Er scheitert.	
1880	G. Hauptmann tritt in die Bildhauerklasse der Königlichen Kunst- und Gewerbeschule zu Breslau ein. – Plastische Arbeiten.	Dramatische Fragmente. Gedichte.

[3]) Wir geben nur die wichtigsten Werke an. – Auch in den biographischen Angaben streben wir keine Vollständigkeit an. Besonders wichtig erscheinen uns Angaben zum frühen Entwicklungszeitraum des Dichters.

1881	Hochzeit seines Bruders Georg H. mit Adele Thienemann aus Hohenhaus (Dresden). – G. Hauptmann verlobt sich mit Adeles Schwester Marie Thienemann.	„Liebesfrühling" „Poesie-Album" (Gedichte von 1875–1881 „Germanen und Römer"
1882	G. Hauptmann verläßt die Kunstschule und immatrikuliert sich an der Universität Jena. Er belegt das Fach Geschichte.	
1883	G. Hauptmann bricht am 7. April zu seiner ersten Mittelmeerreise auf. – Bis zum März 1884 hält er sich in Rom auf. Er versucht sich als Bildhauer an einer Kolossalstatue, die zusammenstürzt. – Er erkrankt schwer an Typhus. Rückkehr nach Deutschland.	
1884	Nach seiner Gesundung besucht G. Hauptmann die Zeichenklasse der Königlichen Akademie in Dresden. – Hochzeit seines Bruders Carl H. mit Martha Thienemann.	„Der Hochzeitszug"
	Immatrikulation in Berlin. Schauspielunterricht. G. Hauptmann nimmt das Kulturleben der Stadt rege wahr.	„Promethidenlos" und „Das bunte Buch"in Arbeit.
1885	Hochzeit mit Marie Thienemann in Dresden. – Wohnung in Berlin-Moabit und erster Besuch auf Rügen (Hiddensee). – Umzug nach Erkner (Villa Lassen). – Intensive literarische, theologische und sozial-politische Studien.	„Promethidenlos" als Buch.

1886	G. Hauptmann sucht die Verbindung zu literarischen Bewegungen in Berlin.	
1887	Im Berliner Dichterverein „Durch“ hält er am 17. Juni einen Vortrag über Georg Büchner. – Zeuge im Breslauer Sozialistenprozeß. – Wanderung durch das Riesengebirge.	„Fasching“ und „Bahnwärter Thiel“ (novellistische Studien) entstehen.
1888	G. Hauptmann hält sich bei der Familie seines Brunder Carl in Zürich auf. Studien bei Prof. Forel (Psychiatrie). – *Pläne zum Weber-Drama.*	
1889	G. Hauptmann lernt die Schwester des befreundeten Komponisten Max Marschalk (Margarete Marschalk) kennen. (Sie wird später seine zweite Frau.) – Bekanntschaften mit A. Holz und J. Schlaf, M. Halbe und P. Schlenther. Arbeit am sozialen Drama mit einer sensationellen Uraufführung am 20. Oktober durch die „Freie Bühne“ in Berlin. – Heftige Kritik.	„Vor Sonnenaufgang“
1890	G. Hauptmann ist als Dramatiker und Erzähler etabliert. – Verbindung zum Verlag Samuel Fischer.	„Der Apostel“ (Novelle) und „Das Friedensfest“ (Drama).
1891	G. Hauptmann sucht die Bekanntschaft mit Henrik Ibsen. – Zusammen mit seinem Bruder Carl H. bezieht er ein Haus in Schreiberhau (Szklarska Poreba). – Er besucht zweimal die *Webergebiete* im *Eulen-*	„De Waber“

	gebirge. – Die Dialektfassung des Dramas wird beendet.	
1892	Die Weber-Aufführung wird von den Berliner Ordnungsbehörden verboten. – G. Hauptmann besucht das Frankenland, um Material für das Geschichtsdrama ,,Florian Geyer'' zu sammeln.	,,Kollege Crampton'' (Komödie) und ,,Die Weber'' erscheinen in Buchausgaben.
1893	Uraufführung von ,,Die Weber'' durch die ,,Freie Bühne'' in Berlin. – Am 29. Mai im ,,Théâtre Libre'' (Paris) in der französischen Fassung ,,Les Tisserands''. – G. Hauptmanns Verbindung zu Margarete Marschalk wird enger. Ehekrise.	,,Der Biberpelz'' (Komödie) und ,,Hanneles Himmelfahrt'' (Traumdichtung).
1894	Maria Hauptmann reist vorübergehend mit den Kindern Ivo (geb. 1886), Eckart (geb. 1887) und Klaus (geb. 1889) in die Vereinigten Staaten zu einem Jugendfreund G. Hauptmanns. – Aussöhnung und Rückfahrt der Familie (3. Mai), dann aber endgültiger Bruch mit einer sich zehn Jahre hinziehenden schweren Krisenzeit.	
1896	Die Stadt Wien verleiht G. Hauptmann den Grillparzer-Preis.	,,Florian Geyer'' und ,,Die versunkene Glocke'' (Märchendrama) uraufgeführt.
1897	G. Hauptmann bricht zu seinem zweiten Italien-Aufenthalt auf. Er wird von Margarete Marschalk begleitet. – Zusammentreffen mit seinen Brüdern Georg und Carl endet im Streit. – Freundschaft mit dem Theater-Kritiker Alfred Kerr, der	Verarbeitet in den Tagebuchaufzeichnungen ,,Italienische Reise 1897'' –

	sich später enttäuscht von ihm abwenden wird.	Vgl. Literaturangaben.
1898	Zweite Italienreise. – Der Vater stirbt. Arbeit an Dramenentwürfen.	,,Fuhrmann Henschel" (Drama) uraufgeführt.
1899	Verleihung des Grillparzer-Preises für ,,Fuhrmann Henschel".	
1900	Umzug nach Agnetendorf (Jagniatkow) im Riesengebirge. – Geburt des vierten Sohnes Benvenuto.	Uraufführungen der Komödie ,,Schluck und Jau" und des Künstlerdramas ,,Michael Kramer".
1901	Einzug in das Haus ,,Wiesenstein"/Agnetendorf.	,,Der rote Hahn" (Tragikomödie) uraufgeführt.
1902	Die erste russische Werkausgabe des Dichters.	
1903	Tätigkeit als Geschworener. Krankheit.	,,Rose Bernd" (Soziales Drama) uraufgeführt.
1904	G. Hauptmann hält sich mehrere Monate in Italien auf. – Seine erste Ehe wird geschieden. – Am 18. September heiratet G. Hauptmann Margarete Marschalk.	
1905	Zum dritten Male wird der Grillparzer-Preis an G. Hauptmann verliehen. – Er wird zum Ehrendoktor der Universität Oxford ernannt.	
1906	Samuel Fischer bringt die erste deutsche Gesamtausgabe der Hauptmannschen Werke in sechs Bänden heraus. – Romanze mit der jungen Schauspielerin Ida Orloff.	,,Und Pippa tanzt" (Glashüttenmärchen) uraufgeführt.

1907	Griechenlandreise. – Die Eindrücke der Begegnung mit der Antike werden im Reisetagebuch „Griechischer Frühling" festgehalten.	
1908		„Griechischer Frühling" erscheint.
1909	Vortragsreisen G. Hauptmanns nach Wien, Prag, Leipzig, Hamburg, München und Zürich. – Die Universität promoviert ihn zum Ehrendoktor.	
1910	Arbeit an Dramen und Romanen.	„Der Narr in Christo Emanuel Quint" (Roman) erscheint.
1911		„Die Ratten" (Drama, Tragikomödie) uraufgeführt.
1912	Im Berliner Hotel Adlon begeht Hauptmann in einem großen Festakt seinen 50. Geburtstag. – Am 10. Dezember wird ihm der Nobelpreis für Literatur verliehen. – Neue Gesamt- und Einzelausgaben.	„Gabriel Schillings Flucht" (Drama) und „Atlantis" (Roman) veröffentlicht.
1914	Kriegsausbruch. – G. Hauptmann wieder in Agnetendorf. – Er tritt mit nationalistischen Gedichten und Presseartikeln hervor. – Er hält sich abwechselnd in Berlin, Agnetendorf und Hiddensee auf. – Seine erste Frau (Marie H., geb. Thienemann) stirbt am 6. Oktober.	„Der Bogen des Odysseus" (Drama) uraufgeführt.

1915/1917/1918	G. Hauptmann arbeitet am Terzinen-Epos „Der große Traum", an Schauspielen, Novellen und Romanen.	„Winterballade" uraufgeführt. – „Der Ketzer von Soana" (Novelle) erscheint.
1921	G. Hauptmann weist Gerüchte zurück, die ihn in Verbindung bringen mit einer Kandidatur für das Amt des Reichspräsidenten. – Die Universität Prag verleiht ihm die Ehrendoktorwürde. – Filmprojekte: „Die Ratten" – „Hanneles Himmelfahrt".	„Peter Brauer" (Tragikomödie) uraufgeführt.
1922	Ein ‚politisches Jahr' des Dichters: Zusammen mit F. Nansen und M. Gorki veröffentlicht G. Hauptmann die Schrift „Rußland und die Welt". – Am 24. Juni wird der Reichsaußenminister W. Rathenau von politischen Attentätern ermordet. – G. Hauptmann hält Vorträge über seine Vorstellungen einer nationalen Erneuerung Deutschlands. – Ehrungen zu seinem 60. Geburtstag in Berlin und Breslau. – Zwölfbändige Gesamtausgabe.	
1924	Aufenthalt mit Th. Mann auf Hiddensee. – Ordensverleihung an G. Hauptmann „Pour le mérite" (Friedensklasse).	„Die Insel der großen Mutter" (Roman) erscheint.
1925	G. Hauptmann hält sich in den ersten Monaten der Jahre 1925–1931 in Rapallo und Lugano (Italien) auf.	„Veland" (Schauspiel) uraufgeführt.

1926	Herausragende Ereignisse sind die Ring-Uraufführung des Schauspiels „Dorothea Angermann" in Wien, München, Leipzig und 14 weiteren Städten sowie eine japanische Buchausgabe mit sieben Hauptmann-Dramen.	
1927	Mitwirkung G. Hauptmanns an Film- und Bühnenprojekten („Die Weber" – Stummfilm – und „Hamlet", Hauptmanns Bearbeitung der Shakespeare-Tragödie).	„Die versunkene Glocke" uraufgeführt.
1928	Am 22. Juli hält G. Hauptmann eine Rede in der Aula der Heidelberger Universität: „Der Baum von Gallowayshire" (Zur Entstehung des deutschen Dramas).[4]*)	„Wanda" (Roman) veröffentlicht.
1930	G. Hauptmann kauft das „Haus Seedorn" in Kloster/Hiddensee.	
1932	Jahr der ‚Ehrungen' anläßlich des 70. Geburtstages des Dichters. – Ehrendoktorwürde der Columbia-Universität in den USA. – Festakte in Prag, Wien, Dresden, Breslau, Hamburg, Leipzig. – Ehrenbürgerschaften in Schreiberhau und Bad Salzbrunn. Neue Gesamtausgaben des dramatischen Werkes; Sonderausgaben.	„Vor Sonnenuntergang" (Schauspiel) uraufgeführt.
1933	Mit der Machtübernahme A. Hitlers und dem Beginn des „Dritten Rei-	„Die goldene Harfe" (Schau-

[4]) In: Gerhart Hauptmann. Sämtliche Werke. Band VI.

	ches“ endet nach Hauptmanns eigenen Worten ‚seine Epoche‘. – Er zieht sich aus dem öffentlichen Leben nahezu ganz zurück.	spiel) uraufgeführt.
1934	Tod des Freundes Max Pinkus und des Verlegers S. Fischer.	
1935	In den Jahren bis zum Kriegsausbruch arbeitet G. Hauptmann an begonnenen Werken, wirkt an Filmprojekten mit.	„Hamlet in Wittenberg“ (Schauspiel) uraufgeführt.
1936		„Im Wirbel der Berufung“ (Roman) erscheint.
1937		„Das Abenteuer meiner Jugend“ (Autobiografie) erscheint.
1939	Beginn des Zweiten Weltkrieges.	„Tochter der Kathedrale“ (dramatische Dichtung) und „Ulrich von Lichtenstein“ (Komödie) uraufgeführt.
1940	Tod Max Marschalks.	
1941		„Iphigenie in Delphi“ (Tragödie) uraufgeführt.
1942	Zum 80. Geburtstag des Dichters zurückhaltende Ehrungen durch das Naziregime. – Bei S. Fischer erscheint „Das gesammelte Werk“ in 17 Bänden. – Festaufführungen.	

1943	G. Hauptmann reist zum letztenmal nach Bad Salzbrunn.	,,Iphigenie in Aulis" (Tragödie) uraufgeführt.
1944	Vereinsamung und Vergreisung des Dichters.	
1945	Dresden wird am 13. Februar durch Bombenangriffe der Alliierten vernichtet. – G. Hauptmann erlebt den Untergang der Stadt mit. – Am 9. Mai besetzen sowjetische Truppen Agnetendorf. Das Haus ,,Wiesenstein" untersteht polnisch-sowjetischem Schutz. – Botschaft G. Hauptmanns an das deutsche Volk.	
1946	Tod des Dichters am 6. Juni. Beisetzung am 28. Juli auf Hiddensee.	
1947/1962	Bis zur Herausgabe des Gesamtwerkes im Propyläen Verlag anläßlich des 100. Geburtstages G. Hauptmanns posthume Veröffentlichungen, Uraufführungen, Werkausgaben, Filmfassungen und Ehrungen.	,,Die Finsternisse" (Requiem), ,,Mignon" (Novelle).

Grundlage für alle biographischen und werkgeschichtlichen Daten ist die von C. F. W. Behl und F. A. Voigt herausgegebene *,,Chronik von Gerhart Hauptmanns Leben und Schaffen" (München 1957).*
Bis zum gegenwärtigen Zeitpunkt ist die Herausgabe aller Schriften G. Hauptmanns noch nicht abgeschlossen.

2. Entstehung und Aufnahme der „Weber“

Die erste Anregung zu einem Drama über die Weber seiner Heimat und ihren Aufstand ist Hauptmann bereits 1888 gekommen, als er mit seiner Familie den Bruder Carl in Zürich besuchte. In und um Zürich lebte damals noch die drei Jahrhunderte alte Seidenweberei, und wenn Hauptmann seinen Freund Auguste Forel, den Direktor der Psychiatrischen Klinik Burghölzli, besuchte, kam er an einer solchen Weberhütte vorbei aus der er das Schlagen des Webstuhles hörte, das ihm sofort Erinnerungen an die schlesische Heimat wachrief. Sein eigener Urgroßvater war als armer Weber aus Böhmen zugewandert und hatte sich in Herischdorf bei Warmbrunn niedergelassen. Auch der Großvater war Weber gewesen, hatte das Elend jener kritischen Jahre erlebt, „täglich zwölf Stunden gewebt und vierundzwanzig Stunden gehungert“, bis er sich entschloß, den Platz hinter dem Webstuhl mit dem hinter dem Schanktisch zu vertauschen, und Gastwirt wurde. Das alles hatte Hauptmanns Vater den Kindern erzählt, und es gehörte zu den lebhaftesten Jugendeindrücken des Dichters.

Bekannt und verbreiteter als heute waren damals auch noch manche Dichtungen, die das Weberelend behandelten, so Freiligraths „Rübezahl“ und vor allem Heinrich Heines aggressives „Die schlesischen Weber“, so streng verboten es auch war, und das endet:

> „Altdeutschland, wir weben dein Leichentuch,
> Wir weben hinein den dreifachen Fluch –
> Wir weben, wir weben!“

Die Not der schlesischen Weber und ihr blutiger, vergeblicher Aufstandsversuch von 1844 waren das allgemein angeführte Beispiel, wenn man von sozialer Problematik sprach und die Fragwürdigkeit des liberalistischen Wirtschaftsdenkens mit seinem unbedingten Glauben an eine automatische, natürliche Regelung der sozialen Schwierigkeiten durch Angebot und Nachfrage diskutierte. Vor allem in Hauptmanns schlesischer Heimat war dieser Weberaufstand noch lange nicht vergessen. Hauptmann fühlte sich aber auch aus einem anderen Grunde berufen, das Schicksal der Weber im Drama zu gestalten. Dazu schrieb er selbst: „Ich konnte ‚Die Weber‘, ich konnte das Bauerndrama (‚Vor Sonnenuntergang‘, das ursprünglich ‚Der Säemann‘ heißen sollte) schreiben, denn ich beherrschte den Volksdialekt. Ich würde ihn also, war mein Beschluß, in die Literatur einführen. Dabei dachte ich nicht an sogenannte Heimatkunst oder Dichtung, die den Dialekt als Kuriosum benutzt und meistens von oben herab humoristisch auswertet, sondern dieser Volkston war mir die natur- und kunstgegebene, dem Hochdeutsch ebenbürtige Ausdrucksform, durch die das große Drama, die Tragödie ebenso wie durch Verse Goethes oder Schillers Gestalt gewinnen konnte. Ich wollte dem Dialekt seine Würde zurückgeben.“

Zwischen der ersten Anregung und der Niederschrift des Dramas lagen aber noch einige Jahre. Vorerst traten andere Themen in den Vordergrund, so das Bauerndrama, genauer das Drama des durch plötzlichen Reichtum infolge Verkaufs des Landes an die aufkommende Großindustrie entwurzelten Bauerntums. „Vor Sonnenuntergang“ erschien 1889. Der nicht zu bewältigende Reichtum macht die bäuerliche Familie, die sich aus dem bäuerischen Milieu löste, über das sie sich weder durch Tradition noch geistige Bildung erhebt, degeneriert und wurzellos. Sie gehört nicht zu dem Stand, dem sie ihr Geld zuweisen würde, aber schon gar nicht mehr in das Bauerntum. So verkehren sich alle ererbten und im Bäuerlichen durchaus gesunden Möglichkeiten in ihr Gegenteil, aus der gesunden Natürlichkeit wird verkommene Unsittlichkeit, Faulheit und Trunksucht. Aber schon in diesem ersten dramatischen Werk Hauptmanns ist diese Entwicklungsmöglichkeit nicht Gesetz. Zwischen den degenerierten Gestalten „in diesem Sumpf der Verkommenheit“ (Gregor, S. 58) steht in unbegreiflicher Reinheit die junge Helene. Hier koppelt der Dichter die Gesellschaftskritik mit den Vorstellungen der Rassenhygiene seiner Zeit, mit der Vererbungslehre. Der junge

Sozialist oder genauer Sozialtheoretiker Alfred Loth findet sich mit der gleichgestimmten Helene und verläßt sie doch mit der öden theoretischen Begründung, daß auch in ihr die Degeneration latent sein müsse. Er liefert die vom trunksüchtigen Vater und vom abenteuerlichen Schwager, der die Familie ausbeutet, mit Sittlichkeitsattentaten gehetzte Helene damit dem Tode aus.

Auch in den beiden Werken, die Hauptmann zwischen „Vor Sonnenaufgang" und den „Webern" schrieb, in „Das Friedensfest" und „Einsame Menschen", geht es um Familienkonflikte, jetzt im bürgerlichen Milieu. Erst in den „Webern" ist Hauptmann frei von der Schilderung psychopathologischer Zustände, hier erfolgt der Durchbruch zu einem neuen Drama ohne miteinander in einer durchlaufenden Handlung verbundene Gestalten. Für dieses Werk hatte Hauptmann eingehende Studien gemacht, die ihm erst durch die Rückkehr in die schlesische Heimat möglich, mindestens aber sehr erleichtert wurden. Im April 1891 unternahm er eine Reise in das Eulengebirge, wo er noch Augenzeugen des Aufstandes von 1844 sprechen konnte. Noch im Frühjahr 1892, als er bereits die letzte Überarbeitung seines Werkes vornahm, reiste er erneut in das Gebiet des Weberaufstandes und besuchte alle Örtlichkeiten, an denen sich das Geschehen seines Dramas abspielt. Zwischen den Frühjahren 1891 und 1892 schrieb er in Schreiberhau sein Werk, das zunächst den mundartlichen Titel „De Waber" hatte.

Adolf l'Arronge, der Direktor des Deutschen Theaters in Berlin, nahm das Stück zur Uraufführung an. Aber sie wurde überraschend durch ein Verbot des Berliner Polizeipräsidenten verhindert. Es gab lange und schwierige Prozesse um die Freigabe. Die Wartezeit nutzte Hauptmann dazu aus, das Werk erneut zu überarbeiten und ihm eine neue, dem Hochdeutschen angenäherte sprachliche Fassung zu geben, denn es stand zu befürchten, daß die reine Dialektfassung kaum verstanden würde. Er eignete das Drama seinem Vater zu und gab der ersten Druckausgabe das Vorwort: „Wenn ich Dir, lieber Vater, dieses Drama zuschreibe, so geschieht es aus Gefühlen heraus, die Du kennst und die an dieser Stelle zu zerlegen keine Nötigung besteht. Deine Erzählung vom Großvater, der in jungen Jahren ein armer Weber, wie die Geschilderten hinterm Webstuhl gesessen, ist der Keim meiner Dichtung geworden, die, ob sie nun lebenskräftig oder morsch im Innern sein mag, doch das Beste ist, was ‚ein armer Mann wie Hamlet' zu geben hat."

Die Uraufführung erfolgte am 26. Februar 1893 in einer geschlossenen Vorstellung des Vereins „Freie Bühne" unter Brahm im Deutschen Theater. Die öffentliche Aufführung auch der neuen Fassung blieb vorerst polizeilich verboten. Schon am 29. Mai folgte die erste Aufführung des Stückes in französischer Sprache unter dem Titel „Les Tisserands" im Théâtre Libre in Paris. Erst am 2. Oktober 1893 wurde das polizeiliche Verbot durch Urteil des königlichen Oberverwaltungsgerichtes zu Berlin aufgehoben. Am 25. September 1894 kam dann die erste öffentliche Aufführung zustande. Otto Brahm, der Adolf l'Arronge als Direktor des Deutschen Theaters abgelöst hatte, brachte das Stück im angesehensten Privattheater der Reichshauptstand heraus, und die Teilnahme war außergewöhnlich, wenn auch die Reaktion des Publikums nicht ganz die erwartete war. Vor allem die Revolutionsszenen wurden von großem Jubel begleitet. Die Widerstände gegen das Stück waren aber immer noch nicht zu Ende, Kaiser Wilhelm II. kündigte in spontaner Entrüstung die Hofloge im Deutschen Theater und verbot sämtlichen Offizieren, die Aufführung in Uniform zu besuchen. Aber das hinderte den Erfolg nicht, das anderthalb Jahre dauernde Verbot hatte im Gegenteil das Stück zur Sensation gemacht. Rasch ging es unter leidenschaftlichen Diskussionen über fast alle deutschen Bühnen. Rascher als andere Werke Hauptmanns wurde es auch vom Auslande aufgenommen.

Nach dem Ersten Weltkrieg rückte das Drama erneut in den Mittelpunkt allgemeinen Interesses. Viele Experimente wurden mit ihm vorgenommen, vielen Mißverständnissen und Mißdeutungen war es ausgesetzt. Schon bei der Uraufführung war es, obwohl es keinerlei politische Tendenz hat, als politische Dichtung aufgenommen worden. Jetzt versuchten neue Deuter ihre politischen Meinungen hineinzubringen. ,,Da machte man", schreibt Hering (S. 70), ,,aus den Webern, armen Kreaturen, armen Teufeln, die sie waren, klassenbewußte Proletarier, aus dem Weber-Lied, das ihnen Moritz Jäger, der entlassene Soldat, doch mühsam hatte vorbuchstabieren müssen, die Internationale . . . Indem es alle solchen tendenziösen Verzerrungen ertrug, ohne an Bühnenkraft einzubüßen, bewies dieses wahrhaft ,soziale' Drama die Lebenskraft, die Hauptmann ihm mit auf den Weg gegeben hat."

Auch als Buch hatte und hat dieses Drama unter allen Hauptmanns die weiteste Verbreitung. Von den Veröffentlichungen in ,,Gesammelten Werken" abgesehen, erlebte es zwischen 1892 und 1952 insgesamt 253 Auflagen, nur zwei weitere Werke des Dichters erreichten noch Auflageziffern über 100, nämlich ,,Hanneles Himmelfahrt" 108 und ,,Die versunkene Glocke" 160. Als Musterbeispiel des deutschen naturalistischen Dramas ist das Stück auch Schullektüre geworden. Vor allem aber bewies es seine ungebrochene Lebenskraft immer wieder auf der Bühne, so 80 Jahre nach seiner Entstehung bei den Ruhrfestspielen 1962 in Recklinghausen. Längst jeder Diskussion entzogen, gehören ,,Die Weber" heute zum Bestand des klassischen Repertoires der Bühnen in Deutchland und in allen Ländern der Welt, deren Theater der europäischen Tradition folgen.

3. Die geschichtlichen Grundlagen und Quellen des Dichters

Bereits in Goethes „Wilhelm Meisters Wanderjahre“ wird mit dem Blick auf die Schweizer Seiden- und Batistweberei die Gefahr dargestellt, die der alten Heimindustrie von dem neu aufkommenden und langsam, aber unaufhaltsam vorrückenden Maschinenwesen droht. Alte menschliche Bindungen lösen sich, der Mensch, der in einer festen Ordnung und wenn auch bescheidenen, äußeren Sicherheit lebte, wird entwurzelt, nicht nur materieller, sondern auch seelischer Not, eben dem Verlust überkommener Ordnungsbegriffe, preisgegeben. Wer bisher auf eigenem Hab und Gut, mochte es auch noch so klein sein, saß und aus dem altüberlieferten Gewerbe seinen Unterhalt bezog, verliert mit der Arbeit und dem Unterhalt auch die Heimat. Ihm bleibt nur entweder auszuwandern in eine neue Heimat, die ihn, was bei Goethe nicht deutlich wird, über kurz oder lang vor die gleichen Probleme stellt, vor denen er in der alten stand, oder aber besitz- und bindungsloser Knecht der Maschine zu werden.

Was Goethe hier vorausschaute, wurde in den schlesischen Webergebieten grausame Wirklichkeit, wenn man davon absieht, daß hier der Weg der Auswanderung, der immerhin einiges eigenes Vermögen erforderte, ebenfalls versperrt blieb. Bis zum Beginn des 19. Jahrhunderts hatte in Schlesien die Heimweberei von Leinwand und Barchent keine besonders große Rolle gespielt. Sie war Protektionskind der preußischen merkantilistischen Politik und hatte, wenn auch nicht immer die erhoffte und versprochene finanzielle Hilfe, so doch ihr Auskommen. Nun aber, da alle wirtschaftlichen Beschränkungen fielen, gingen viele Häusler und Kleinbauern, deren Landbesitz für den Lebensunterhalt nicht ausreichte, dazu über, die Leineweberei zum Haupterwerb zu machen. Diese Entwicklung fiel zusammen, war sogar begründet in der Einführung der Gewerbefreiheit, die den finanzkräftigen Händlern völlig freie Hand in der Preis- und Lohngestaltung ließ. Für die arbeitende Bevölkerung gab es keinerlei sozialen Schutz. Gewiß trat vor allem im dritten Jahrzehnt des 19. Jahrhunderts eine schwere Absatzkrise auf, die Konkurrenz der mechanisch gefertigten Erzeugnisse der englischen Industrie engte die Absatzmöglichkeiten immer mehr ein und drückte gleichzeitig empfindlich die Preise. 1786 hatte der englische Geistliche Edmund Cartwright (1743–1823) den ersten brauchbaren mechanischen Webstuhl erfunden, nachdem bereits vorher durch verschiedene Einzelverbesserungen der Webtechnik die englische Industrie große Vorteile erreicht hatte. Viel einschneidender noch als Cartwrights Webstuhl wirkte sich für das deutsche textile Gewerbe die Erfindung der nach ihm benannten Maschine von Joseph-Marie Jacquard (1752–1834) aus, auf der auch Muster gewebt werden konnten (1805). Es kam bald dahin, daß die Maschinen nicht nur schneller und billiger, sondern auch bessere Qualitäten produzierten. Auch in England vollzog sich der Übergang zur mechanischen Weberei, vom Heimgewerbe zur Industrie, nicht ohne schwere soziale Probleme und Schäden, die von Dichtern aufgegriffen wurden und erst nach und nach auch den Gesetzgeber beschäftigten. Dazu gehörte auf dieser frühen Stufe auch die rücksichtslose Ausbeutung der Frauen- und der Kinderarbeit.

Im schlesischen Leinengewerbe wirkte sich diese Absatzkrise für die Weber auf das verhängisvollste aus. Sie arbeiteten in einem Verlagssystem und waren völlig abhängig von Händlern und Verlegern, die alle Last auf die an sich schon schwachen Schultern der Arbeiter abwarfen. Hatten früher die meisten der webenden Häusler etwas landwirtschaftlichen Grundbesitz, dessen Ertrag zwar nicht zum notdürftigen Lebensunterhalt ausreichte, aber die Krisenfestigkeit dennoch erhöhte, so war dieser Besitz längst verloren, entweder verkauft oder für Kredite, die von den Händlern eingeräumt worden waren und bei den rasch sinkenden Arbeitserträgen nie zurückerstattet werden konnten, eingezogen. Das Elend der Weberbevölkerung wuchs zu einem Ausmaß, das kaum noch faßbar ist. Diesem Weberelend aber stand der nun besonders auffallende Wohlstand der Händer und Unternehmer gegenüber, die sich auf Kosten der Weber immer noch Gewinne zu sichern wußten. Um die letzten Absatzmöglichkeiten, vor allem in Italien, Portugal und Brasilien, zu retten, setzten sie Löhne an, die weit unter das zur Erhaltung der Arbeitskraft nötige Minimum sanken.

Als Hauptquelle des Dichters gilt allgemein ein auf Berichte, die der „Vossischen Zeitung" in Berlin geschickt worden waren, gestütztes Werk von Alfred Zimmermann: „Blüte und Verfall des Leinengewerbes in Schlesien", Breslau 1885. Darin heißt es: „In den meisten Dörfern waren die Leute allem Elend preisgegeben. Auf den Straßen spielten keine Kinder, sie mußten mit ihren schwachen Kräften den Eltern bei der Arbeit helfen. Selbst das Gebell der Hunde, das sonst in keinem Dorfe fehlte, ertönte hier nicht. Man besaß kein Futter für sie und hatte die treuen Wächter längst als willkommene Nahrung verzehrt. Die Häuser waren nicht selten halb verfallen, oft fehlte ihnen selbst der Schornstein, und der Rauch suchte durch ein Luftloch Ausweg. In ihren Lumpen scheuten sich die Leute, zur Kirche zu gehen. Fleisch sahen die meisten Familien nie. Bei einzelnen kam ein halbes Pfund an den drei hohen Festtagen auf den Tisch. Es war ein frohes Ereignis, wenn ein Bauer der Familie etwas Buttermilch oder Kartoffelschalen schenkte. Ein alter Weber erzählte mit Freudentränen, daß zu seinem Glück in der Nähe zwei Pferde krepiert seien,die ihm und den Seinen eine Zeitlang Nahrung boten."

Nach einem Aufsatz, den Wilhelm, Wolff für das „Deutsche Bürgerbuch" 1845 schrieb, bezahlten die Gebrüder Zwanziger, die im Dreißiger des Dramas wiederzufinden sind, für eine Webe Kattun von 140 Ellen, woran ein Weber neun Tage mindestens zwölf Stunden täglich zu arbeiten hatte, und für die andere Lohnherren 32 Silbergroschen gaben, nur 15 Silbergroschen, für 160 Ellen Barchent, die mindestens acht Tage angestrengtester Arbeit erforderten, gaben sie 12 Silbergroschen, und sie erklärten sich bereit, noch 300 Weber anzunehmen, wenn diese das gleiche für nur 10 Silbergroschen lieferten. Zum Vergleich sei angeführt, daß der Tagelohn eines Getreideschnitters damals durchschnittlich 10–12 Silbergroschen betrug, der eines Handwerksgesellen, je nach dem Handwerk 8–12 Silbergroschen. Der Verbraucher aber bezahlte bei seinem „Winkelier" für die Elle Kattun damals etwa 8 Silbergroschen, für die Elle Barchent 5–6 Silbergroschen. So erklärt sich auch die Bermerkung Wolffs: „Das anfangs nicht zu große Vermögen der Zwanziger war in kurzer Zeit zu großem Reichtum angewachsen; sechs prächtige Gebäude gaben Zeugnis hiervon. Herrliche Spiegelscheiben, Fensterrahmen von Kirschbaumholz, Treppengeländer von Mahagoni, Kleider- und Wagenpracht sprachen der Arbeit der Weber Hohn. Bei der letzten Lohnverkürzung sollte der Zwanziger den Webern auf ihre Vorstellung, daß sie nun gar nicht mehr bestehen könnten, geäußert haben: sie würden noch für eine Quarkschnitte arbeiten müssen, oder, wie andere sagen, „die Weber möchten nur, wenn sie nichts anderes hätten, Gras fressen, das sei heuer reichlich gewachsen".

Die Regierung unternahm nichts, um dieser fortschreitenden Verelendung zu begegnen. Es gab keinerlei Armenpflege, und daß man an einzelnen Tagen die Bettelei erlaubte, war hier sinnlos, wo niemand mehr etwas hatte, außer den Verlegern, die diese Not verursacht hatten und nicht sehen wollten. Ein Versuch, einen bescheidenen Schutzzoll zugunsten der deutschen Webereierzeugnisse einzuführen, scheiterte im preußischen Landtag. Wohl bildete sich in Berlin ein Hilfsverein, dem auch Rudolf Virchow und Gustav Freytag angehörten. In seinem Auftrag bereiste Assessor Schneer das Webergebiet und legte seine Erfahrungen in einer 1844 in Breslau erschienenen Denkschrift nieder, die ein erschütterndes Bild von dem grauenhaften Elend gab. Aber dem Verein fehlte es an Mitteln und Kräften, tatkräftig einzugreifen, während die Regierung tatenlos blieb, und daß der Verein versuchte, das öffentliche Gewissen aufzurufen, führte nur dazu, daß man ihn „gemeinschädlicher Absichten", wie Heinrich von Treitschke schrieb, verdächtigte. Der Oberpräsident von Breslau bestritt überhaupt, daß es eine nennenswerte Not gebe. Man erhoffte alles von dem volkswirtschaftlichen

Grundgesetz, daß Angebot und Nachfrage sich wieder auspendeln und ein für alle Beteiligten nützliches Gleichgewicht wiederherstellen würden. Man übersah dabei geflisssentlich, daß von einem Gleichgewicht kaum mehr die Rede sein kann, wenn der Arbeiter, der die Güter produziert, pro Elle seines Leinengewebes für die Arbeit nicht einmal anderthalb Pfennig erhielt, der Endverbraucher aber im Laden für diese Ware über 90 Pfennig bezahlte und auch im Export durchschnittlich runde 60 Pfennig für die gleiche Ware eingenommen wurden, wenn also, da Arbeitslohn und Rohstoffkosten für damalige Verhältnisse recht hoch berechnet, insgesamt 12 Pfennig ausmachten, allein der Gewinn des Verlagshändlers 500 Prozent und mehr betrug. Man verkannte, daß volkswirtschaftliche Regeln nur in einer gesunden Wirtschaft mit einer vernünftigen Relation von Gestehungskosten und Verkaufspreis gelten. In diesem besonderen Falle aber wurde eine zweifellos vorhandene Absatzkrise allein durch schließlich untragbare Opfer der wirtschaftlich Schwächsten zu bewältigen versucht; denn die Rohstoffpreise ließen sich nicht senken, nur die Löhne waren zu kürzen. So kann man getrost von rücksichtsloser Ausbeutung der Weber sprechen. Es lag gewiß nicht in der Absicht der Verleger, wenn diese Methode, alte und überaltete Formen des Gewerbes gegen die aufkommende Industrie zu erhalten, sich zwar für sie als vorübergehender Erfolg, aber im Endergebnis als sinnlos erwies. Ebenso wie sie mit ihren Zweifeln an dem unwiderstehlichen Sieg der Mechanisierung, irrten auch die Weber, wenn sie glaubten, man könne dem unaufhaltsam vorrückenden Maschinenwesen damit begegnen, daß man ein paar mechanische Webstühle zerschlüge.

Ohne daß es Rädelsführer gegeben hätte, daß es nötig gewesen wäre, die notleidenden Weber aufzuhetzen, begann es in der Bevölkerung zu gären. Seit dem Frühjahr 1844 verbreitete sich ein Lied, das die Stimmung der hungernden und gehetzten Weber in 24 Strophen widerspiegelte und das im Volksmund ,,Das Blutgericht“ genannt wurde. Die Not wurde zur Verzweiflung, in der sich schließlich die Überzeugung durchsetzte, daß man im

Zuchthaus und in Ketten immer noch besser leben könne wie als freier Weber. Aus neuen Bedrückungen durch die Unternehmer, allein aus der unabsehbaren Not heraus begann am 4. Juni 1844 in Peterswaldau der planlose und streng genommen auch ziellose Aufstand. Gregor hat dafür die Aufzeichnungen im Gedenkbuch der böhmischen Pfarre Ruppersdorf, die R. Iser 1889 in „Das Riesengebirge in Wort und Bild" zu Trautenau veröffentlichte, als durchaus mögliche Quelle Hauptmanns wahrscheinlich gemacht (S. 268). Danach begann der Aufstand in Peterswaldau. Sein unmittelbarer Anlaß war die Herabsetzung des Weberlohnes von 16 auf 14 gute Groschen (zu je 15 Pfennigen) durch die Fabrikanten Zwanziger. Die erregte Menge zerstörte die Wohnung und die Lager der Fabrikanten, die mit ihrer Familie fliehen konnten. Die Mahnungen der Geistlichen, die auf die Menge einzuwirken versuchten, blieben ungehört, ein Pastor wurde sogar in den Bach geworfen. In der einmal entfesselten sinnlosen Zerstörungswut wurden auch die Lagerbestände der Fabrikanten in den Bach geworfen, der dabei über die Ufer trat. Von Peterswaldau zogen die Aufständischen, deren Zahl sich ständig erhöhte, nach Langenbielau. Hier machte der Kaufmann Dierig den Versuch, die Weber durch Zusage eines größeren Vorschusses zu beruhigen. Er konnte aber die dafür erforderliche Summe trotz seiner Verwendung bei den ebenso wie er selbst gefährdeten Fabrikanten nicht aufbringen. So kam es zu weiteren Zerstörungen von Wohnungen und Werkstätten, wobei die Weber es besonders auf die Maschinen, die mechanischen Webstühle Dierigs abgesehen hatten. Dabei rührten sie weder Geld noch Geldeswert an, aber von ihren Angehörigen, insbesondere von den Kindern, wurde manches aufgehoben, was beim Zerstörungswerk auf die Straße geworfen worden war. Hauptmann gestaltet daraus die rührende Episode von dem „Teifelsleffel", den das kleine Mielchen vor Dreißigers Haus fand, den der alte Hilse aber sofort zur Polizei tragen läßt, obwohl die Familie wochenlang von dem Erlös leben könnte (5. Akt).

Jetzt erst wurde die Regierung aktiv, sie antwortete mit blutiger Gewalt. Aus Schweidtnitz wurden in aller Eile 200 Mann Infanterie nach Langenbielau beordert. Ihnen standen ungefähr 2000 Aufständische gegenüber. Schon schien es, als ob die Menge sich dem Zureden des befehligenden Majors fügen und zerstreuen würde. Da wurden die Soldaten mit Steinen beworfen und aus Angst wurde der Feuerbefehl gegeben. Dreizehn der Aufständischen wurden teils getötet, teils schwer verletzt. Als der Kommandeur der Truppen aber erkannte, daß sich auch durch diese sinnlose Bluttat die Aufständischen nicht überwältigen ließen, sondern unentwegt auf dem Platze blieben, gab er den Befehl zum Rückzug. Hauptmanns Drama endet mit dieser Gewalttat, die bei ihm den Unschuldigsten von allen trifft. In Wirklichkeit zogen sich die Soldaten zurück, gingen aber am nächsten Tag, als Verstärkung eingetroffen war, erneut vor und unterdrückten mit brutaler Gewalt diesen Aufstand der Not. Insgesamt elf Aufständische wurden getötet, 23 wurden schwer verletzt. Viele ergaben sich dem Militär, andere irrten noch lange durch die Wälder, wo sie von den mit ihnen verfeindeten Bauern wie wilde Tiere gehetzt wurden. 83 Weber wurden verhaftet, viele von ihnen grausam mißhandelt, zahlreiche als angebliche Rädelsführer, die es in Wirklichkeit nie gegeben hatte, zu längeren Freiheitsstrafen verurteilt. Schon auf dem Höhepunkt des Aufstandes hatte der zuständige Landrat, der viel menschliches Verständnis und Wohlwollen für die Anliegen der Aufständischen mitbrachte, zu vermitteln und auf die Weber einzuwirken versucht. Jetzt bemühte er sich, ihr Handeln aus der Not zu erklären und sich für die oft barbarisch verfolgten Armen einzusetzen, aber seine Vorstellungen verhallten ungehört. Aber gerade die Grausamkeit, mit der man diesen verzweifelten Ausbruch äußerster Not unterdrückte, die dabei vorfallenden Mißhandlungen und die nur aus der Angst um die ungerechtfertigten Gewinne der Unternehmer zu erklärende Härte der gegen die sogenannten Rädelsführer verhängten Urteile riefen in ganz Deutschland einen Sturm der Empörung wach, der nicht mehr einschlief.

Auch wenn die genannten Veröffentlichungen für Hauptmanns Werk als Quelle zugezogen wurden, wichtiger blieb die eigene

BANGES UNTERRICHTSHILFEN

Dichtung in Theorie und Praxis

Texte für den Unterricht

Jeder Band zwischen 120 und 196 Seiten, kart. Taschenbuchformat

Mit dieser neuen Serie von Einzelheften legt der BANGE Verlag Längs- und Querschnitte durch Dichtungs-(Literatur-)Gattungen für die Hand des Schülers der Sekundarstufen vor.

Jeder Band ist – wie der Reihentitel bereits aussagt – in die Teile THEORIE und PRAXIS gegliedert; darüber hinaus werden jeweils zahlreiche Texte geboten, die den Gliederungsteilen zugeordnet sind. Ein Teil ARBEITSANWEISUNGEN schließt sich an, der entweder Leitfragen für die einzelnen Abschnitte oder übergeordnete oder beides bringt. Lösungen oder Lösungsmöglichkeiten werden nicht angeboten.

Wir hoffen bei der Auswahl der Texte eine „ausgewogene Linie" eingehalten und die Bände für die Benutzer wirklich brauchbar gestaltet zu haben.

Es handelt sich um **Arbeits**bücher, die durch**gearbeitet** sein wollen; dem, der die Texte nur flüchtig „überliest", erschließt sich nichts.

Bei der Gestaltung der Reihe wird und wurde darauf geachtet, daß sie breit einsetzbar im Unterricht ist.

450 Die Lyrik
451 Die Ballade
452 Das Drama
453 Kriminalliteratur
454 Die Novelle
455 Der Roman
456 Kurzprosa
(Kurzgeschichte, Kalendergeschichte/Skizze/Anekdote)
457 Die Fabel
458 Der Gebrauchstext
459 Das Hörspiel
460 Trivialliteratur
461 Die Parabel
462 Die politische Rede
463 Deutsche Lustspiele und Komödien
weitere Bände in Vorbereitung

Anschauung auf Wanderungen durch die Orte des Weberaufstandes und das Gespräch mit Augenzeugen. Keim des Dramas war die Erinnerung an die Erzählungen des Vaters. Hauptmanns Schauspiel erwuchs aus einer ihn beherrschenden inneren Teilnahme. Das Schicksal der Weber muß ihn zutiefst erschüttert haben. Wenn er auch in seinem Stück ein getreues Bild der historischen Wirklichkeit gibt, wenn er in seiner Genauigkeit so weit geht, daß er aus den Protokollen und Veröffentlichungen jener Zeit Zitate und Ereignisse übernimmt, er schafft doch ein Kunstwerk damals völlig neuer Art, in dem sich das allgemeine Schicksal in zahlreichen menschlichen Einzelschicksalen nicht fotografisch getreu, sondern nach künstlerischer Absicht gebrochen und gespiegelt zeigt. Gregor schreibt nach der Untersuchung der Quellen Hauptmanns: „So ergreifend diese Übereinstimmungen sind, weil sie uns das Urdrama lehren, nach dem unser Dichter, solange er lebte, gesucht hat, vom Wesen des Kunstwerkes sagen sie natürlich gar nichts aus. Die fünf Akte sind äußerst knapp, weil es in ihnen keinerlei lange Einzeldialoge, keine Problemstellungen und -verteidigungen, ja, keine sukzessive Entwicklung der Handlung gibt. Was geschieht, ereignet sich mit der Unbefangenheit der Natur. Eine Dramaturgie des Holzschnittes, mehr: der Holzplastik." (S. 270)

Auch wenn man Gregor nicht in allen Punkten folgen will oder kann, so muß man ihm doch darin zustimmen, daß Hauptmann nicht die Ereignisse in historischer Folge gibt, sondern sie im Spiegel einzelner menschlicher Schicksale aufhellt und dabei auch die vielen und vielfältigen Reaktionsmöglichkeiten der Menschen seiner Heimat aufdeckt. Nicht das Ereignis als solches ist das Wesentliche, sondern die Art und Weise, wie die verschiedenen Menschen es aufnehmen, wie sie zweifeln und hoffen, sich zum Handeln treiben lassen oder widerstreben, wie sie zwischen Beharrung und Vorwärtsdrängen schwanken, wie dann aber die Not sich als stärker erweist als alle überlieferte Bindung. Zum ersten Male findet man in diesem Werk eine Technik, die man im modernen Theater als kaleidoskopisch bezeichnet oder zum mindesten eine sehr verwandte Technik. Deshalb kann die Definition Gregors als „Holzschnitt" oder „Holzplastik", wobei er wahrscheinlich an Käthe Kollwitz. Ernst Barlach und einige andere Vertreter der bildenden Künste seiner Zeit dachte, nur das Einzelbild meinen. Erst alle diese Einzelbilder aber geben die verschiedenen Brechungen, Farben und Variationen, die im Gesamtwerk eins werden.

Datenübersicht[5])

1888 G. Hauptmann faßt während seines Züricher Aufenthalts den Plan, ein „Weber-Drama" zu schreiben.

1890 Erste Niederschrift.

1891 G. Hauptmann unternimmt zwei Reisen ins Webergebiet. „De Waber" werden in Dialektfassung beendet und im Februar

1892 bei den Berliner Kultus- und Ordnungsbehörden zur Zensur eingereicht. Im März desselben Jahres schließt Hauptmann die Arbeit an der ‚hochdeutschen' Bühnenfassung des Schauspiels ab.
Am 3. März verbietet der Polizeipräsident von Berlin die öffentliche Aufführung.
G. Hauptmann überarbeitet die hochdeutsche Fassung, kürzt und entschärft sie.

1893 Das Verbot wird trotzdem nicht aufgehoben. Hauptmann reicht seine Klage ein. Es kommt zur ‚Uraufführung' der „Weber" durch die Freie Bühne in Berlin (26. Februar).
Im Oktober des Jahres wird das Verbot vom Kgl. Preußischen Oberverwaltungsgericht in Berlin aufgehoben, aber die Freigabe gilt nur für das Deutsche Theater.

---

[5]) Eine ausführliche Zeittafel ist bei Schwab-Felisch (S. 262–264) zu finden.– Vgl. Literatur.

Beschwerden von Theater-Direktoren aus der Provinz (z. B. des Herrn Witte-Wild aus Breslau) werden örtlich *gegen die bestehende Freigabe durch das Preußische Oberverwaltungsgericht* zurückgewiesen.

1894 „Die Weber" werden auch in Breslau zur Aufführung freigegeben. Am 25. September findet die erste öffentliche Aufführung des Schauspiels im Deutschen Theater Berlin statt.
Kaiser Wilhelm II. kündigt aus Protest gegen die demoralisierenden Tendenzen des Stückes seine Loge auf.

1895 Kulissenkämpfe um das „Weber-Drama".
Innenminister Köller rügt den Berliner Oberverwaltungsrichter, der die „Weber" freigegeben hatte, und erwirkt dessen Rücktritt.
Das Schauspiel wird auch in Hannover verboten.

1896 Am 15. Oktober wird es dort freigegeben.

1901 Fast ein Jahrzehnt nach dem Erscheinen des Dramas wird es nach zähem Ringen des Leipziger Theaterdirektors Kurz auch vom Sächsischen Oberverwaltungsgericht in Dresden freigegeben.

4. Zum Schauspiel

4.1 Das Geschehen

1. Akt: In einer sehr lebendigen Szene wird ein Annahmetag im Hause des Fabrikanten Dreißiger vorgeführt. Es ist ein schwüler Tag gegen Ende Mai. Weber, ihre Frauen oder Kinder kommen, um die gefertigte Ware abzuliefern und ihren Lohn dafür zu holen. Sofort werden auch das Elend der Weber und die Hartherzigkeit der Fabrikanten und ihrer Angestellten sichtbar. Der Expedient Pfeifer prüft die angelieferte Ware mit Lupe und Zirkel und mäkelt an ihr herum, um durch Beanstandungen gedrücktere Löhne zu rechtfertigen. Ein Lehrling kontrolliert das Gewicht der Stücke; auch dabei gibt es kleinliche und ungerechtfertigte Mäkeleien, die klar erkennen lassen, wie der ordinäre, vom Weber zum Expedienten heraufgeschwemmte Pfeifer den ausgehungerten, zerlumpten, von Not und Entbehrung erschöpften und von Angst um ihren kärglichen Lohn gehetzten Webern seine Macht und ihre Abhängigkeit zu fühlen gibt. Die bescheiden vorgetragenen Bitten der Weber um Nachsicht und Gerechtigkeit, um eine kleine Stundung oder ein paar Silbergroschen Vorschuß lösen bei Pfeifer nur Hohn und kalte Abweisung aus, und die kleineren Angestellten, der Kassierer Neumann und der Lehrling sind darin ein getreues Spiegelbild ihres Vorgesetzten.

Da tritt der Weber Bäcker auf, noch jung und ausnahmsweise stark. Sein Gebaren ist, nach der Anweisung des Dichters, ungezwungen, fast frech, es muß auf die nur demütige Ergebung der übrigen Weber gegenüber den Angestellten des alle beherrschenden Fabrikanten doppelt aufreizend wirken. Bäcker beobachtet, wie mehrere Weber übervorteilt, zurechtgewiesen und bei aller Ergebung noch verspottet werden. Er hört, daß ihnen, als sie ihre Not klagen, der Kassierer und der Lehrling mit Spottversen aus dem noch älteren Spottlied auf die Leineweber: „Die Leineweber haben eine saubere Zunft“ antworten, und dabei ausdrücklich demonstrieren, daß ihnen das Schicksal der Kinder der Leineweber gleichgültig ist. Jeder Einspruch der Weber wird von Pfeifer mit der Drohung beantwortet, man werde ihm die Arbeit ganz entziehen, wenn er sich nicht den erpresserischen Bedingungen des Fabrikanten füge. Als einziger lehnt sich Bäcker gegen den willkürlich herabgesetzten Lohn auf. Als Pfeifer nicht mehr mit ihm fertig wird, ruft er Dreißiger zu Hilfe.

Es kommt zu einer scharfen Auseinandersetzung zwischen dem sehr selbsbewußt auftretenden, grundsätzlich aber die allgemeine Meinung aussprechenden Bäcker und dem Fabrikanten, in der Bäcker seinen durch die nach Dreißigers Meinung offenbar recht mangelhaften Gesetze garantierten Anspruch durchsetzt, dafür aber vom Fabrikanten hinausgeworfen wird. Dreißiger ordnet an, daß Bäcker von seinem Geschäft keine Arbeit mehr bekommt, Bäcker antwortet gleichmütig, es sei ihm egal, ob er am Webstuhl oder im Straßengraben verhungere.

Die Szene wird unterbrochen durch den Ohnmachtsanfall eines kleinen Jungen, der vor Hunger die Besinnung verliert. Dieser Unfall wird von Dreißiger heuchlerisch zu einem Vorwurf gegen die Weber ausgenutzt. Sie schicken aus lauter Faulheit ihre kleinen Kinder mit viel zu schweren Lasten zur Annahme. Die Eltern sind schuld, wenn dem armen Kinde etwas zustößt, sie sind unvernünftig. Er erwägt, ob nicht in Zukunft angeordnet sein soll, daß Kindern grundsätzlich keine Arbeit mehr abgenommen wird. Als Dreißiger einen Augenblick den Raum verläßt, weil er das ohnmächtige Kind im Nebenzimmer auf das Sofa betten will, sprechen sich die Weber gründlich und verbittert über ihre unverschuldete Not aus.

Als Dreißiger zurückkommt, kehrt aber sofort die alle beherrschende Angst wieder. Geradezu unterwürfig nehmen die Weber die Klagen des Fabrikanten über seine eigene Not auf. Alle Sorgen muß, wie er behauptet, der Fabrikant tragen, die Geschäfte gehen schlecht, die Sorgen bereiten ihm und seinesgleichen schlaflose Nächte. Nur aus Barmherzigkeit mit den armen Webern hält er sein Geschäft aufrecht, wenn er unbarmherzig wäre und es auflöste, blieben die Weber die Leidtragenden. Dreißiger wirft den Webern vor, daß viele unter ihnen, statt fleißig zu sein und das Ihre zusammenzuhalten, alles verjubeln und in Schnaps umsetzen. Betrunken ziehen sie dann nachts umher, klagen über Hunger und singen gemeine Lieder auf Leute, die es mit ihnen gut meinen. Die geängstigten Weber geben ihm in allem recht. Dann erklärt sich Dreißiger bereit, aus Mitleid noch weitere 200 Weber anzunehmen, nur um denen, die überhaupt keine Arbeit haben, die Möglichkeit zu geben, wenigstens eine Kleinigkeit zu verdienen. Dafür müssen aber auch die Weber Opfer bringen, sich mit einer weiteren Kürzung ihres Lohnes einverstanden erklären. Nachdem er einige Bittsteller, die ihm in den Weg treten und aufgeregt und stockend ihr Anliegen vortragen, ohne sie überhaupt zu Ende anzuhören, an Pfeifer verwiesen hat, geht Dreißiger in sein Kontor zurück. Pfeifer setzt die Annahme fort. Er erklärt dem alten Baumert, der neue Arbeit mitnehmen will, daß in Zukunft nur noch zehn Silbergroschen für die Webe bezahlt werden.

2. Akt: „Bewegung unter den Webern, Fluchen und Murren", lautet die Bühnenanweisung vom Ende des ersten Aktes. Der zweite Akt macht das Elend der Weber am einzelnen Beispiel deutlicher und führt auch „das Murren", das dumpfe Bewußtsein, daß es „anderscher wern" muß, wie Ansorge sagt, daß alle Leiden das überhaupt noch erträgliche Maß überschritten haben, einen Schritt weiter. Er spielt in dem ärmlichen und schadhaften Haus des einstigen Webers und jetzigen Korbflechters Ansorge, bei dem in äußerster Bedürftigkeit die Familie Baumerts haust.

Zu Beginn des Aktes finden wir Baumerts vorzeitig gealterte, gelähmte Frau und dessen beide Töchter, die 22jährige Emma und die 15jährige Bertha, am Webstuhl, während der 20jährige idiotische Sohn ebenso wie die Mutter mit dem Aufspulen von Garn beschäftigt ist. Auch die beiden Mädchen zeigen allzu deutlich die Spuren härtester Entbehrungen und sind äußerst ärmlich gekleidet. Bald tritt dann der Sohn der ältesten Tochter, ein vierjähriges Kind, dessen Vater schon früh an der Schwindsucht verstorben ist, auf. Die Mädchen müssen immer von neuem knüpfen, das Garn, das der Fabrikant lieferte, ist minderwertig, aber wenn das Webstück darunter leidet, wird dem Weber dafür der Lohn gekürzt. Das Kind weint vor Hunger, aber es ist nichts mehr im Hause, alle warten sehnsüchtig auf die Heimkehr des Vaters, der etwas zu essen mitbringen wird, und auch das Kind wird darauf vertröstet. Es wird Abend, Ansorge soll Licht machen, aber er sträubt sich, auch er muß sich einrichten.

Die Frau des Webers Heinrich tritt auf, die sich einen Scherben in den Fuß getreten hat. Bertha entfernt ihn, reinigt und verbindet die Wunde. Verzweifelt klagt die Webersfrau ihr Leid. Der Mann ist epileptisch und nach einem schweren Anfall seit mehr als einer Woche arbeitsunfähig und bettlägerig. Neun Kinder sind schon da, das zehnte ist unterwegs. Aber das Brot reicht kaum für zwei. Baumerts können hier aber auch nicht helfen, selbst die ‚eeziche Handvoll Mehl" um die die Heinrichen bettelt, ist nicht da. Verzweifelt läuft das arme Weib, das zufrieden wäre, „wenn's uf a Schweinfutter langte", die aber selbst das nicht ihren Kindern bringen kann, in den anbrechenden Abend hinaus.

Da leuchtet August, der Sohn, dem heimkehrenden Vater ins Haus. Er hat Besuch mitgebracht, den eben vom Militär entlassenen Moritz Jager, der noch keck die Husarenmütze trägt und sich von den Webern dadurch unterscheidet, daß er nicht nur wohlgenährt ist, sondern auch ganze Schuhe und Kleider trägt. Bertha nimmt dem Vater die wenigen mitgebrachten Lebensmittel und auch das Fleisch des Hundes, der ihnen zugelaufen war und den der Vater schlachten ließ, ab, um eine Mahlzeit zuzubereiten. Jäger aber kann berichten, daß es ihm beim Militär gut gegangen ist. Er hat, wie Vater Baumert sagt, „Kleeder wie a Ferscht", eine silberne Taschenuhr und sogar zehn Taler Ersparnisse. Als Bursche beim Rittmeister hat er, der immer in seiner Heimat als Tunichtgut galt, seinen Vorteil zu wahren gewußt. Dagegen können die Webersleute nichts Gutes von sich selbst berichten. Mutter Baumert ist von Überarbeitung und Entbehrung gelähmt, völlig hilflos wie ein kleines Kind. Aber sie sieht in ihrem Elend nur das ihrer Töchter, die sich am Webstuhl zugrunde richten und nicht einmal die Kleider dabei verdienen, die sie brauchten, um sich am Sonntag einmal in der Kirche zu zeigen. Der rauchende Ofen bringt das Gespräch dann zwangsläufig auf die weiteren Sorgen der Familie, der es am Nötigsten fehlt und die dem armen Korbflechter Ansorge schon ein halbes Jahr den Mietzins schuldig bleiben mußte, so daß er sie jeden Tag auf die Straße setzen kann. Um so krasser sticht gegen dieses Elendsbild die prahlerisch vorgetragene Erzählung Jägers von dem im Vergleich dazu glänzenden Leben, das er als Soldat geführt hat, ab.

Der alte Ansorge, eine hünenhafte Erscheinung, kommt hinzu. Jäger reicht die Schnapsflasche, die er mitgebracht hat, umher, das Gespräch wird lebhafter, die Gemüter erhitzen sich. Die Not hat alles erträgliche Maß überschritten, aber statt der Hilfe gibt es nur neue Forderungen an die armen Weber. Vom König ist keine Unterstützung zu erwarten, die Regierung aber bleibt blind für die Not der Weber, sie hält zu den Fabrikanten. Es gibt kein Gesetz, das den hilflosen Weber vor der rücksichtslosen Ausbeutung durch Händler und Farbikanten schützt. Alles Unglück, so geht die Folgerung, kommt von den Fabrikanten, die von der unterbezahlten Arbeit der Weber reich werden, schwelgen und jeglichen Luxus treiben.

Der alte Baumert, der durch das ausnahmsweise gute Essen angeregt ist, meint, daß Jäger der richtige Mann sei, die Sache der Weber in die Hand zu nehmen. Großsprecherisch erklärt Jäger, daß es ihm keine Mühe machen werde, daß er den Fabrikanten gar zu gern eins aufspielen möchte. Wenn die Weber nur zusammenhielten, einmal alle gemeinsam für die gemeinsamen Anliegen eintreten würden, dann könnten sie auch ohne König und Regierung den Fabrikanten gegenüber ihre Interessen wahren und sie zur sozialen Gerechtigkeit zwingen. Es folgt im Stück die rührende Episode, in der Mutter Baumert verzweifelt weint, weil ihr Mann „das ganze bissel scheene Essen" erbrechen muß. Jäger aber steigert sich immer mehr in seine leidenschaftliche

Wut über die Fabrikanten. Er holt plötzlich das Lied hervor, das „Blutgericht" heißt und von dem niemand weiß, wer es erfunden hat, das Anklage gegen die Ungerechtigkeit und Hartherzigkeit der Fabrikanten erhebt. Den im Elend immer tiefer versinkenden Webern erscheint das Lied, dessen Text ihnen Jäger schülerhaft vorbuchstabiert, wie eine Offenbarung. Beim alten Baumert und bei Ansorge wirkt es wie berauschend, alle durch Jahre aufgespeicherte und unterdrückte Wut über die rücksichtslose Ausbeutung der Weber durch die Fabrikanten und deren Luxus, aller Haß bricht sich Bahn. Baumert bricht schließlich weinend vor verzweifeltem Ingrimm zusammen. Ansorge aber wird prophetisch und reckt sich auf: „Mir leiden's niemehr! Mir leiden's niemehr, mag kommen, was will."

3. Akt: Dieser Akt führt in den Mittelkretscham, das mittlere Wirtshaus zu Peterswaldau. Als die einzigen Gäste sind vorläufig der Tischlermeister Wiegand und ein Berliner Reisender anwesend. Der Wirt Welzel ist hinter dem Schanktisch beschäftigt, während seine Frau am Ofen plättet und die 17jährige Tochter mit einer Stickarbeit beschäftigt am gedeckten Tisch sitzt. Der Wirt ist verwundert über den außergewöhnlich lebhaften Betrieb, der an diesem Tage in Peterswaldau herrscht. Seine Frau erklärt ihn damit, daß Dreißiger bekanntgegeben hat, daß er noch 200 Weber annehmen wolle, da seien gewiß 600 von den Hungerleidern gekommen. Wiegand erzählt, daß er noch nie einen so kleinen Sarg gemacht habe, wie den für den Weber, dessen Grabgeläute von fern klingt. Der Reisende aber erregt sich darüber, daß die Weber zwar viel von ihrer Not reden machen, daß man in allen Zeitungen darüber liest, der Augenschein aber zeigt, daß sie für die Beerdigung ungewöhnlich hohe Ausgaben machen. Dann beginnt er mit Anna, der Wirtstochter, von der die Eltern offenbar hoffen, daß sie einmal wie die Frau Dreißiger auf Grund ihrer hübschen Larve und der feinen Erziehung einen reichen Fabrikanten ergattern könnte, zu schäkern. Wiegand versucht ihm vorsichtig klarzumachen, daß die Leute eine verkehrte Vorstellung von der Ehrfucht, die man einem Toten schuldet, haben, und sich dabei, besonders bei der Kirche und ihren Dienern, in

Schulden stürzen, die sie vielleicht in Jahren nicht abtragen können. Auf den Einwand, daß es Pflicht des Pastors sei, den Leuten das auszureden, deutet Wiegand ebenso vorsichtig an, daß die Geistlichen nicht daran denken, sich die schönen Einnahmen, die sie von möglichst großen Beerdigungen haben, entgehen zu lassen, ja, daß sie die Leute geradezu zu möglichst großen Ausgaben ermuntern, ohne danach zu fragen, woher die armen Weber das Geld nehmen.

Der Lumpensammler und Hausierer Hornig kommt hinzu und neckt Anna mit einem vielleicht bald möglichen Bräutigam. Die Abfuhr, die ihm Anna erteilt, veranlaßt ihre Mutter, die Heiratsscheu der Tochter zu tadeln. Der windige Reisende, der sich ein kleines Abenteuer erhofft und vorsorglich den Trauring in die Westentasche steckt, aber sucht sich dem Mädchen zu nähern und es zu ermutigen, seine Ansprüche so hoch wie möglich zu stellen. Schon oft haben die reichsten Leute Mädchen aus geringerem Stand geheiratet. In ihren verspielten Disput rückt der hünenhafte Ansorge und erweckt allgemeines Interesse wegen seiner Gestalt und seines wilden Aussehens. Er ist linkisch und unbeholfen, man merkt ihm an, daß er schon lange kein Wirtshaus mehr besucht hat. Er hat sich bei Dreißiger neue Arbeit geholt, weil es mit dem Korbflechten zu Ende gegangen ist. Hornig freilich dämpft das Vergnügen des Reisenden an dem „urkräftigen Naturmenschen" mit der Bemerkung, daß es den Webern längst nicht mehr für den Barbier reiche, daß sie nichts mehr auf den äußeren Menschen anwenden könnten. Der Reisende möchte Ansorge ein Glas Bier bezahlen, aber der Wirt warnt ihn, es werde sicher nicht angenommen. Darauf setzt der Reisende die Schäkerei mit Anna fort und sagt ihr handfeste Schmeicheleien, die dem Vater zu stark werden, die aber von der Mutter sehr ernst genommen werden und sie zu recht phantastischen Vorstellungen über die Zukunft ihres Kindes führen. Zwischen Hornig und Wiegand entwickelt sich unterdessen ein Streit. Der Hausierer wirft dem Tischler vor, daß er sich an der Not der Weber bereichere: „Du weeßt besser wie a Doktor, wenn d'r Tod um a Weberkindl kommt", daß sein Weizen auf dem Kirchhof blühe.

Weigand antwortet gehässig, indem er Hornig der Spitzbüberei und Hehlerei verdächtigt. Der Streit nimmt kritische Formen an, Schimpfwörter fallen. Die Wirtin möchte den Reisenden ins Nebenzimmer schaffen, aber er will in Annas Nähe bleiben.

Neue Gäste kommen, ein Bauer und ein junger Förster, dann Baumert und einige alte Weber. Die Tatsache, daß der Förster eine Axt mit sich führt, die er Holzdieben abgenommen hat, führt das Gespräch wieder auf die Notlage der Weber, die nicht nur von den Fabrikanten, sondern auch von den adligen Grundherren rücksichtslos ausgebeutet und bedrückt werden, die von ihnen zu hohe Mieten und Pachten und überdies noch umsonst abzuleistende Arbeitstage, insbesondere zur Zeit der Ernte, verlangen. Und die Bauern folgen dem Beispiel des Edelmannes, auch sie versuchen, auf ähnliche Weise zu erhöhtem Einkommen und billigen Arbeitskräften zu kommen. Ärgerlich gehen der Förster und der Bauer, der die Weber noch tüchtig beschimpft und als unfähige Dummköpfe bezeichnet, ab. Der Reisende mischt sich ein. Er glaubt nicht recht an die Not der Weber und verweist auf angebliche Nachforschungen der Regierung, die nachgewiesen haben, daß die Weber sich noch gut helfen könnten. Da wirft sich Hornig zum Verteidiger der Weber auf. Die Regierung habe nur sehr oberflächlich die Ermittlungen betrieben, ihre Vertreter seien aber niemals in die armen Weberdörfer gekommen.

Draußen ertönt das Weberlied, Jäger und Bäcker kommen mit einer lärmenden Schar junger Weber. Was die Wirtin andeutete: „'s is reen, als wenn was in d'r Luft läg", scheint Bäcker bedeutsam zu bestätigen: „Vielleicht wird amal was vorgehn." Jäger spendiert gleich zwei Quart Branntwein und fängt einen dreist scherzenden Disput mit dem Reisenden an, der schließlich unter dem Gelächter der Weber ins Nebenzimmer abzieht. Erneut tönt das Weberlied auf, das der Wirt in seinem Lokal verbietet. Bäcker aber schlägt vor, bei Dreißiger vorbeizuziehen und es für ihn zu singen. Der alte Schmied Wittig kommt hinzu, ein zum Jähzorn neigender Mann, der die Erregung der jungen Weber noch dadurch anreizt und steigert, daß er ihnen vorwirft, sie machten zwar viel Geschrei, hätten aber doch keinen Mut, wenn es zum Handeln käme. Er macht ihnen klar, daß sie der Macht der Fabrikanten gegenüberstünden, und daß gegen Macht nur Gewalt nützen könne. Durch Hohn einerseits und durch die Erzählung von den Erfolgen des Volkes in der Französischen Revolution andererseits gelingt es ihm, die einfachen Gemüter der Weber zu erhitzen und für den Gedanken der Gewalt und der Rache an den Fabrikanten zu gewinnen. Erinnerungen an bösartige Worte der Fabrikanten werden wachgerufen, ein alter Weber kommt mit wirren religiösen Redensarten dazwischen. Es wird immer klarer, daß Stimmung und Lage für Akte der Gewalt reif sind.

Der Gendarm Kutsche betritt auf einen Schnaps das Wirtshaus und wird von den aufgeregten Webern gehänselt. Er möchte Streit vermeiden und bleibt anfangs sehr zurückhaltend. Dann aber gerät er in ein hitzig werdendes Wortgefecht mit Wittig, der ihm vorwirft, er sei ein Denunziant, der umhergehe und ihn bei den Fabrikanten der Aufsässigkeit verdächtigte, so daß diese ihm alle Aufträge entzögen. Er habe auch die Bauern und Müller gegen ihn aufgehetzt, weil er ihn einmal vom Pferd gezogen hat, als er einen dummen kleinen Jungen wegen ein paar unreifer Birnen mit dem Ochsenziemer traktierte. Er droht dem Gendarm, für den Fall, daß er ihn ins Gefängnis bringe, möge er vorher nur sein eigenes Testament machen. Die Weber versuchen Wittig zurückzuhalten. Kutsche aber ist schon auf dem Rückzuge, blasse Angst spricht aus ihm, als er Wittig mit der Bemerkung, er habe mit ihm nichts zu schaffen und ihm auch nichts getan, abzuweisen versucht. In der Tür aber wird er wieder mutig, er hat den Webern vom Herrn Polizeiverwalter auszurichten, daß es verboten ist, das Dreißigerlied weiter zu singen, und daß überhaupt alles Gesinge auf der Gasse aufzuhören hat. Er droht bei Widersetzlichkeit mit dem Gefängnis. Die Weber nehmen seine Worte mit Heiterkeit auf.

Kaum hat Kutsche das Wirtshaus verlassen, kaum sind die Worte, die ihm der wütende Wittig nachschrie und in denen er das Recht der freien Meinung forderte, verhallt, da ertönt das

Weberlied in vollem Chor. Vergebens versucht der Wirt, den Gesang zu unterbinden. Die Weber ziehen hinaus auf die Straße, wobei sie ununterbrochen weitersingen. Welzel fragt, als er mit dem alten Baumert und Hornig allein bleibt, was sie vorhaben. Verlegen antwortet Baumert, daß sie zu Dreißiger wollen, um zuzusehen, ob er nicht etwas zum Lohn zulegt. Für den Wirt ist das Tollheit, aber er kann den alten Baumert nicht zurückhalten, der sich nun auch den singenden Webern anschließt: „Nu sieh ock an mir liegt's nich. A Junges kann manchmal, und a Altes muß!" Hornig spricht die Vermutung aus, daß es noch böse kommen könne. Für den Zuschauer aber ist es klar geworden, daß die Bewegung im Gange und nicht mehr aufzuhalten ist.

4. Akt: Dieser vierte Akt spielt in der ebenso luxuriös wie protzig eingerichteten Wohnung des Fabrikanten Dreißiger. Pastor Kittelhaus, ein freundliches Männchen, und seine Frau sind zu Besuch anwesend. Der Pastor versucht, den jungen Kandidaten Weinhold, den Hauslehrer Dreißigers, der ein Herz für die Not der Weber hat, davon zu überzeugen, daß es keinen Zweck hat, schönen Idealen nachzujagen, die dann vor der rauhen Wirklichkeit des Lebens nicht standhalten. Sehr bescheiden, fast unterwürfig, versucht Weinhold, um ein gewisses Verständnis für seine Meinung zu werben. Der Pastor aber belehrt ihn, daß viele junge Geistliche mit ihrem Eintreten für soziale Probleme und einem irregeleiteten Mitleid mit den Armen nur den sozialen Frieden stören. Der Pastor soll Seelsorger bleiben und keinen Versuch machen, auch ein ‚Wanstsorger" zu werden, er soll das reine Wort Gottes predigen und im übrigen den sorgen lassen, „der den Vögeln ihr Nest und ihr Futter bereitet hat und die Lilie auf dem Felde nicht verderben läßt".

Frau Dreißiger beklagt sich darüber, daß ihr Mann die Gesellschaft einfach verlassen hat. Weinhold spricht die Vermutung aus, daß auf der Straße etwas vorgefallen sei. Da kommt Dreißiger sehr aufgeregt wieder. Er hatte offenbar vorgehabt, auf die Weber, die singend durch die Straßen ziehen, beruhigend einzuwirken, hat aber die Sinnlosigkeit eines solchen Vorhabens erkannt. Am meisten ärgert ihn das Schmählied, das über ihn gesungen wird, und das freche Auftreten Bäckers, der sogar seiner Frau, als sie in der Kutsche vorbeifuhr, die Meinung sagte. Dreißiger läßt seine Wut zuerst an dem Kandidaten aus, und als dieser vorsichtige Einwände versucht, verlangt er schroff von ihm, daß er sich ganz auf die Erziehung der Knaben beschränkt und sich nicht um das kümmert, was ihn allein angeht. Unerwartet und zu seinem erneuten Ärger antwortet Weinhold damit, daß er ihm den Dienst aufsagt. Vergeblich versucht Frau Dreißiger, ihren Mann zu beruhigen, weil sie den jungen Mann dringend für ihre Söhne braucht. Die Frau Pastorin aber bejammert die „Verirrung" des Kandidaten, der doch aus ehrbarer Beamtenfamilie stammt und doch so sonderbaren Ideen anhängt.

Dreißiger hat durch seine Färber, sture und einfältige Gesellen, den „Hauptsänger" Jäger festnehmen lassen, den er dem eilig herbeigerufenen Polizeiverwalter vorführen will. Der brave Beamte in schneidiger Kavallerieuniform ist ganz Ergebung gegenüber dem großmächtigen Fabrikanten, dafür großmäulig und aufgeblasen gegenüber dem Weber. Er findet die zweifellos unrechtmäßige, private Festnahme Jägers ganz in Ordnung und prahlt damit, daß er schon alles wieder in Ordnung bringen wird. Auch Gendarm Kutsche ist herbeigeeilt, sein Vertrauen in die großen Worte seines Vorgesetzten scheint nur sehr gering zu sein. Jäger, der von den Färbern, die er als Verräter an der Sache der Weber beschimpft, vorgeführt wird, bleibt ruhig und gelassen, weist aber derb das allzu anmaßende Auftreten des Polizeiverwalters zurück. Als der Pastor vermitteln will und für die geistliche Hilfe, die er ihm schon im Leben geboten hat, Dankbarkeit verlangt, erklärt Jäger allerdings finster, dafür habe er bezahlen müssen. Der Pastor kann nur mit ohnmächtigen Phrasen über den Unwert des Geldes antworten, die in schroffem Gegensatz zu seiner und der übrigen Geistlichkeit Vorgehen, wie es Hornig schilderte, stehen. Auf Befehl des Polizeiverwalters fesselt Kutsche, wenn auch sehr zögernd, dem lachend alles über sich ergehen lassenden Jäger die Hände. Als der Polizeiverwalter ihm befiehlt, den Arrestanten ins Gefängnis zu bringen, weist ihn Kutsche besorgt auf die erregte Menge hin, die sie draußen erwartet und Jägers Freilassung fordert. Aber der Polizeiverwalter ist viel zu sehr von der Herrlichkeit seines Amtes überzeugt, als daß er Vernunft annehmen könnte. Er setzt sich selbst mit gezogenem Säbel an die Spitze der Eskorte, jeden Widerstand will er niederhauen.

Dreißiger glaubt immer noch, daß er, als der Trupp das Haus verlassen hat, zu einem gemütlichen Spiel Whist kommen könnte. Er ist nicht einmal ganz unzufrieden mit den Vorgängen, denn er hegt die tückische Hoffnung, daß durch die Unruhen endlich die Regierung auf die schwierigen Verhältnisse im Textilgewerbe aufmerksam wird und sich zu Förderungsmaßnahmen entschließt, von denen am Ende die Fabrikanten wiederum ihren Vorteil haben. Aber Pfeifer, der hereinstürzt, meldet, daß die Menge die Polizisten entwaffnet und verprügelt und Jäger befreit hat. Die Polizisten konnten nur mit Mühe entfliehen. Aus eigener schlotternder Angst warnt Pfeifer seinen Herrn, daß es ernst wird. Der Fabrikant begreift, daß hier kein Angreifen mehr helfen kann. Der Kutscher Johann hat bereits vorsorglich angespannt und die Kinder in den Wagen gesetzt, damit sie, wenn es schlimm kommt, fliehen können. Nun will der Pastor im Vertrauen auf seine geistliche Würde versuchen, auf die erregte Menge beruhigend einzuwirken. Mehr selbstbewußt als klug und tapfer begibt er sich auf die Straße, findet aber kein Gehör und wird schließlich in den Bach geworfen, allerdings, ohne daß ihm ein Schaden zugefügt wird. Vergeblich jammert Frau Dreißiger, die vor Angst fast den Verstand verloren hat, ihr Mann bringt sie und die Pastorin schnell zur noch unbesetzten Hintertür. Pfeifer, nach dem die Menge draußen schreit und der ahnt, was der Haß, den er gesät hat, ihm bereiten wird, hängt sich als einziges Bündel jämmerlicher Angst an seinen Herrn und wird mitgenommen.

Einige Augenblicke bleibt die Bühne leer. Dann erscheinen fast schüchtern und vorsichtig die ersten Weber. Sie betrachten neugierig die ungewohnte Pracht, probieren das Sofa und bewundern sich selbst im Spiegel. Ein alter Weber bedauert, daß unten im Hause bereits sinnlos zerstört wird, er will sich daran nicht beteiligen. Dann aber brechen Wittig, Jäger, Bäcker und andere herein. Sie suchen den Fabrikanten und vor allem den verhaßten Pfeifer, sie sind entschlossen, sie aufzuhängen, wenn sie sie erwischen. Als sie niemand vorfinden, beginnen sie in blinder Wut das Zerstörungswerk: „Wenn mersch a nie kriegen, das Dreißigerviech, arm soll a wern". Alle stürmen in den Salon, voran der alte Baumert. Und selbt Ansorge, der ein Leben lang ehrlich gearbeitet und gespart hat, ohne es zu etwas zu bringen, schließt sich dem Zerstörungswerk an: „Nimmst du m'r mei Häusl, nehm ich d'r dei Häusl. Immer druf!" Bäcker aber hat bereits angekündigt, daß sie, sobald hier die Zerstörung beendet ist, nach Langenbielau ziehen wollen, um dort die mechanischen Webstühle Diettrichs, von denen nach Meinung der Weber alles Unglück kommt, zu zerschlagen.

5. Akt: Der letzte Akt führt in das arme Weberstübchen des alten Hilse in Langenbielau. Er ist ein Veteran der Kriege gegen Napoleon und hat als Soldat einen Arm verloren. Sein Opfer für das Vaterland ändert aber nichts daran, daß auch bei ihm Not und Elend ständige Gäste sind. Im Alter hat er sich ganz in die Frömmigkeit geflüchtet und in der Hoffnung auf einen Lohn für alle irdischen Leiden in einem besseren Jenseits nach dem Tode seinen Trost gefunden. Zu Beginn des Aktes finden wir ihn bei der Morgenandacht, in der er selbst ein improvisiertes Gebet spricht. Bei ihm sind seine fast taube und gelähmte Frau und sein Sohn Gottlieb mit seiner Frau Luise. Das siebenjährige Kind der jungen Leute, Mielchen, ist nach Peterswaldau gegangen, um dort Garn abzuliefern, das es mit seiner schwachen Kraft aufgespult hat. Auch Mutter Hilse beginnt gleich mit der Arbeit am Spulrad. Luise, die Schwiegertochter, vermag sich indessen nicht mit den frommen und gottergebenen Sprüchlein des Alten zu begnügen und ihr Schicksal als unabänderlichen göttlichen Ratschluß hinzunehmen. Sie begehrt trotzig auf, wird aber vom Alten ernst und entschieden zurechtgewiesen. Alle machen sich an die Arbeit.

Der Hausierer Hornig kommt und bringt die Nachricht vom Aufruhr und der Zerstörung von Dreißigers Haus in Peterswaldau. Während die jungen Leute ihm erregt zuhören, glaubt der alte Hilse dem Bericht nicht, es ist ihm unvorstellbar, daß Weber wie er so etwas tun könnten. Andere Hausbewohner werden durch die Neugier angezogen und Hornig gibt ihnen bereitwillig weitere Einzelheiten von den Vorgängen. Auch in Langenbielau gärt es längst unter den Leuten, sie gönnen den Fabrikanten ihr Schicksal und finden, daß es auch bei ihnen genug Menschenschinder gibt. Immer noch zweifelt der alte Hilse. Da kommt Mielchen. Es bringt das Garn, das nicht abgeliefert werden konnte, weil in Peterswaldau alles zerstört war, wieder mit. Eifrig hält es der Mutter einen schweren silbernen Eßlöffel entgegen, der bei der Vernichtung von Dreißigers Wohnung auf die Straße geworfen wurde, wo das Kind ihn aufgelesen hat. Auch andere Kinder haben herumliegende Gegenstände aufgehoben. Erbittert will der alte Hilse das Kind wegen des Mausens bestrafen. Er nimmt Abstand davon, weil die Eltern ihm begreiflich machen, daß die Kleine gar nicht die Tragweite ihres Handelns begreifen konnte. Aber er will den ,,Satansleffel" gleich aus dem Hause geschafft haben, Gottlieb muß ihn zur Polizei tragen und dort hinterlegen. Er tut es, wenn auch nur mit Widerstreben, denn von dem Erlös für den Löffel könnte die Familie wochenlang ohne Sorgen leben.

Hornig geht nun auch. Dafür kommt der quecksilbrige, immer zu plumpen Scherzen aufgelegte Chirurgus Schmitt, ein kleiner, dicker und lebenslustiger Mann. Es wird gleich deutlich, daß er insgeheim seine Freude an den Vorgängen hat, wenn er sie auch für Tollheiten erklärt. Er beschenkt Mielchen mit Pfeffernüssen, schreckt das Kind aber dabei mit der scherzhaft gemeinten Drohung, es habe Strafe vom Lehrer zu befürchten, weil es die Sperlinge beleidigt habe. Sein lebhafter Bericht von allem, was er auf der Fahrt hierher beobachtet hat, läßt keinen Zweifel mehr, daß die Bewegung in vollem Gange ist, daß die Aufständischen unterwegs sind nach Langenbielau und daß ihr Zug durch unterwegs Mitgerissene wie eine Lawine anschwillt. Schmitt berichtet allerdings auch,daß hinter den Aufständischen Militär anrückt.

Gottlieb kommt höchst erregt zurück. Er hat sie gesehen, sie sind da. Die Glocken von Langenbielau läuten schon Sturm. Zur Zeit sind die Weber noch bei einem Fabrikanten, der wegen seiner Wohnung der obere Diettrich heißt. Dieser versucht, sie durch Vorschüsse von der weiteren Zerstörung abzuhalten. Begeistert berichtet Gottlieb aber auch von den Hoffnungen der Weber. Eigentlich sind sie bescheiden genug, sie erhoffen sich für die Zukunft ein halbes Pfund Fleisch an jedem Sonntag und an heiligen Tagen einmal eine Blutwurst mit Kraut. Mit leidenschaftlicher Heftigkeit verlangt Luise von ihrem Mann, daß er jetzt nicht untätig bleibt, sich nicht hinter frommen Sprüchen verkriecht. Empört will der alte Hilse sie zum Schweigen bringen. Aber Erbitterung und aus endloser Entbehrung erwachsener Haß gegen die reichen Fabrikanten, zugleich aber auch der Ingrimm über ihre an Mangel und Not frühzeitig zugrunde gegangenen Kinder steigern Luises Leidenschaft immer mehr, laut schreit sie dem Schwiegervater ihre Verachtung wegen seiner Ergebung und auf der bigotten Frömmigkeit gegründeten Verweichlichung entgegen und eilt hinaus zu den Aufrührern.

Feierlich verteidigt sich der alte Hilse bei seinem Sohn gegen die Vorwürfe, die ihm seine Schwiegertochter machte. Er hat als Soldat zur Genüge beweisen, daß er keine Furcht kennt. Auch jetzt weiß er nichts von Furcht vor den Menschen, weder vor den Aufrührern noch vor den Soldaten. Auch den Tod fürchtet er nicht, viel zu gern würde er Feierabend machen: „Das Häufel Himmelangst und Schinderei da, das ma Leben nennt, daß ließ man gerne genug im Stiche." Aber er fürchtet das Gericht nach dem Tode. Gottlieb wendet zweifelnd ein: „Wer weeß, was kommt, wenn eens tot is? Gesehen hat's keener." Der Vater jedoch beteuert, daß nur die Hoffnung auf eine ewige Gerechtigkeit, die dem einen in dieser Welt seinen Teil läßt, während der andere in ihr nur Not und Elend findet, dafür auf seinen Teil „drieben in jener Welt" hoffen darf, ihm die Stärke gab, sein Leben zu ertragen. Von dieser Hoffnung kann und will er nicht lassen. Während draußen der Ruf ertönt: „Weber raus!", geht er an die Arbeit, und auch Gottlieb entschließt sich nach kurzem Kampf, mit der Arbeit zu beginnen. Auf der Straße klingt immer lauter das Weberlied. Hornig kommt und berichtet, daß auch bei Diettrich alles zerstört wurde und daß die Weber über seinen Weinkeller geraten sind. Nun sind sie unterwegs zum hiesigen Diettrich. Vom Fenster aus beobachten die Hausbewohner, wie der Fabrikant durch ausgehängte Tafeln mit Versprechen die Leute zu beruhigen sucht. Sie zweifeln sehr daran, daß es noch möglich ist. Gleichzeitig beobachten sie, daß die Aufständischen in die Häuser gehen und die noch säumigen Weber herausholen. Auch in Hilses Wohnung kommt ein Trupp mit Bäcker, Jäger und dem alten Baumert, der ganz von der Ekstase des Aufruhrs mitgerissen ist. Ihr bisheriger Erfolg hat die Weber stolz und zuversichtlich gemacht. Es gibt kein Halten mehr, sie wollen auch nach Reichenbach und Freiburg ziehen, wenn hier ihr Werk getan ist. Vergebens sucht der alte Hilse sie zu warnen. Mit Gewalt, so prophezeit er, werden sie nur härtere Gewalt gegen sich auslösen. Weder Drohungen noch gutes Zureden bringen den Alten zur Nachgiebigkeit. Er bleibt dabei, daß es nichts nützt, wenn sie ein paar Soldaten verjagen, man wird neue schicken. Von draußen hört man schon die Trommeln und Querpfeifen des einrückenden Militärs, dem die Weber ohne Waffen auf die Dauer nicht gewachsen sein können. Luise kommt eilig hinzu. Der Major, der die Truppen befehligt, spricht vom Pferde aus zu den Webern, und es besteht die Gefahr, daß diese ihm nachgeben und sich zerstreuen. Unter Wittigs Führung stürmen die Weber hinaus. Der alte Hilse weissagt Bäcker, daß sie im Zuchthause landen werden. Aber der alte Baumert, der als einziger zur Besinnung kommt und die Aussichtslosigkeit des Aufstandes ahnt, meint: „Im Zuchthause is immer noch besser wie derheeme“ und folgt den anderen.

Die Stube leert sich, aber neugierige Hausbewohner kommen nach und nach, um vom Fenster aus die Vorgänge auf der Straße zu beobachten. Die Weber draußen singen ein Spottlied auf Gottlieb, der immer erregter wird. Da kracht draußen eine Salve. Die Hausbewohner warnen Hilse, vom Fenster wegzugehen. Mielchen, das überhaupt nicht versteht, was vor sich geht, steckt den Kopf zum Fenster herein und erzählt eifrig, daß ein paar

Weber umgefallen sind und daß viel Blut geflossen ist. Die Hausbewohner sehen, daß die Aufständischen sich auch durch diese Gewaltanwendung des Militärs nicht abschrecken lassen und mit Steinwürfen gegen die Soldaten vorgehen. Diese laden erneut. Da läßt sich Gottlieb nicht mehr halten. Mit dem Ausruf: „Sein mir tolle Hunde? Soll'n mir Pulver und Blei fressen stats Brot? Soll mei Weib mir derschossen werd'n?" ergreift er eine Axt und stürmt hinaus. Der alte Hilse aber steigt erneut in den Webstuhl, um allen mahnenden Warnrufen zum Trotz die Arbeit erneut zu beginnen. Da kracht eine zweite Salve. Zu Tode getroffen richtet sich der alte Hilse hoch auf und bricht dann tot über dem Webstuhl zusammen. Mielchen kommt und berichtet, daß die Weber die Soldaten zum Dorf hinaustreiben und Diettrichens Haus stürmen. Erschreckt über den stillen Großvater nähert sich ihm das Kind, ohne zu verstehen, was geschehen ist. Mutter Hilse aber klagt: „Nu mach ock, Mann, und sprich a Wort, 's kann een's ja orntlich angst werd'n."

4.2 Sachliche und sprachliche Erläuterungen

a) Ort des Geschehens

Der erste Akt spielt in der Gemeinde Peterswaldau, die am nordöstlichen Fuß des Eulengebirges im Kreise Reichenbach liegt. Sie war ein wichtiger Sitz der schlesischen Textilindustrie mit zahlreichen Spinnereien, Webereien und Färbereien. Der zweite Akt führt in das Weberdorf Kaschbach im Eulengebirge. Der dritte und der vierte Akt haben wieder Peterswaldau als Schauplatz, das Geschehen des fünften ereignet sich in der Stadt Langenbielau, die nicht weit von Peterswaldau entfernt ebenfalls vor dem Eulengebirge liegt und zum Kreise Reichenbach gehört. Langenbielau war, bis es 1945 unter polnische Verwaltung kam, der Hauptort der schlesischen Leinenindustrie.

b) Die Zeit

Die drei ersten Akte spielen zu Anfang der vierziger Jahre des vorigen Jahrhunderts, der vierte am 4. und der fünfte am 5. Juni 1844.

c) Fachausdrücke aus der Weberei

Aufbäumen: das Aufziehen von Kett- und Schußfäden auf den Webstuhl.
Einschuß: auch Einschlag; die Einschlag- oder Schußfäden, die in das durch die Kettfäden gebildete Webfach abwechselnd von oben und unten eingetragen werden.
Kammstechen: das Aufziehen der Fäden durch die gläsernen oder metallenen Ösen des Webekammes, eine zeitraubende, mühsame Arbeit, die größte Konzentration verlangt.
Kette: die Gesamtheit der am Webstuhl waagerecht gespannten Fäden, die für den Eintrag des Schusses, der Schußfäden, durch Heben oder Senken ein Fach bilden. Im Gewebe selbst: das in der Längsrichtung verlaufende Fadensystem.
Klunkern: Knoten, Verdickungen im Gewebe.
Noppzängl: Noppzange; mit ihr werden die Wollknoten am Zeuge entfernt.
Pfeife: die Spule, auf die das Kettgarn aufgewunden wurde.
Placker: mundartlich für Klunkern.
Salband: die Ränder des gewebten Stückes, genauer: die gleichbleibende Breite des Gewebes.
Sperrittl: das Sperrad, mit dem der fertig gewebte Teil aufgerollt wird, wenn die Arme des Webers das Webstück nicht mehr erreichen können.
Spulmädel: besorgt das Aufspulen des Garnes. Man überließ diese Arbeit meistens Kindern.
Treppen: ungleichmäßige Stellen im Webstück.
Weife: Maschine, auf der das Garn in Strangform gebracht wird; auch Garnhaspel genannt.
Werfte: auch Warp; das Garn, das der Verleger dem Weber liefert.

d) Sachliche Erklärungen

Freiburg: Stadt im Kreise Schweidtnitz am Nordfuß des Waldenburger Berglandes.

Friedrich Wilhelm IV.: Der „Romantiker auf dem Throne Preußens" (1795–1861), ein geistreicher und eindrucksvoller Redner, der aber ganz besessen war von der Idee des Gottesgnadentums. Einen Fortschritt konnte er sich nur in der Gestalt eines mittelalterlichen Ständestaates vorstellen. Was ihn für jene Zeit der sozialen und wirtschaftlichen Kämpfe des aufsteigenden Industrialismus für Preußen zum Unglück machte, war seine absolute Unfähigkeit, über seinen Träumen von geheiligter Majestät und Ständestaat die neue Entwicklung zu verstehen. Eisenbahn und Maschinenwesen erschienen ihm völlig überflüssig, als vorübergehende Modeerscheinung, gegen die er sich sträubte. Erst recht verkannte er deshalb, daß die Industrialisierung eine neue soziale und wirtschaftliche Ordnung bedingte. Zu spät für sein Land, erst 1857, erkannte man, daß er geisteskrank war.

intervenieren: vermitteln.

Kretscham: aus dem Slawischen: Dorfschenke, Wirtshaus.

Luzifer: Nach Jesaias 14, 12 und Lukas 10, 18 der oberste Teufel.

Parchent: eigentlich Barchent; linksseitig aufgerauhtes, flanellartiges, rauhes Köpergewebe aus Baumwolle. Er wird heute noch als Bezugsstoff für Matratzen und als Futterstoff verwendet.

Quäker: von engl. to quake = zittern; Spottname nach den früher vorkommenden ekstatischen Erscheinungen für die von George Fox (1627–1691) begründete und von William Penn (1644 bis 1718) nach Amerika (Pennsylvanien) übertragene Glaubensgemeinschaft. Die Quäker nennen sich selbst „Gesellschaft der Freunde", sie lehnen jedes hierarchisch geordnete Kirchentum und die Sakramente ab und glauben, daß alle Menschen das „innere Licht" in sich haben und deshalb vor Gott und Menschen gleich sind. Im Gottesdienst warten sie schweigend, bis ein Gemeindemitglied sich zum Sprechen oder Beten berufen fühlt. Sie verweigern Eid und Kriegsdienst und verwerfen alle äußerliche Lustbarkeit und gesellschaftliche Konvention, treten überall für Menschlichkeit, allgemeine Gleichberechtigung und die Überwindung politischer und allgemein menschlicher Gegensätze auf.

quartweise: ein Quart ist ein altes Flüssigkeitsmaß von knapp 1,5 Litern.

Repositorium: stabile Regale für die Lagerung der nicht sogleich weiterverkauften Webstücke.

Schock: 60 Stück.

Silbergroschen: bis 1873 amtliche Währung in Preußen und Deutschland. 30 von ihnen machten einen Taler, jeder Silbergroschen hatte 12 Pfennige.

Skribent: verächtlich für Zeitungsschreiber; Dreißiger nennt sie auch „Preßhunde".

Whist: ein im 19. Jahrhundert sehr verbreitetes Kartenspiel mit 52 Blättern. Aus ihm ist Bridge hervorgegangen.

e) mundartliche Wendungen

1. Akt

„a Beehmen Geld . . .": sprichwörtlich für: reichlich Geld. Böhm ist der alte böhmische Groschen, auch Kaisergroschen genannt, mit einem Wert von 10 Pfennigen. In Schlesien wurde die Bezeichnung auch für den Silbergroschen gebraucht, der hier immer gemeint ist, wenn von „Beehm" die Rede ist.

„man muß lauern": man muß warten.

„sein'n tälschen Tag": er ist nervös, tälsch sonst: verrückt, verdreht.

„Schlauderei": nach dem niederdeutschen „schludern" = nachlässig sein. Schlamperei, Nachlässigkeit.

abgemacht sela!" eigentlich doppelt ausgedrückt; sela ist ein hebräisches Musikzeichen in den Psalmen, das das Ende für den Vorsänger und wohl das Einsetzen des Chores bedeutet. Pfeifer verdreht diese Wendung auch in: abgemacht Seefe!

„zwee Hovetage auf'n Dominium": zwei auf der Domäne abzuleistende Arbeitstage als Entschädigung für Pachtverpflichtungen oder ähnliche Lasten.

„der Packasche“: nach französisch bagage = Gepäck; hier Gesindel.

„a Gejesere“: ein Gejammer.

„da verfumfeit er's“: verjubelt er es.

„halb drehnig“: halb besinnungslos.

„meine Färber“: die Färber galten als besonders stark und gewalttätig. Dreißiger bedient sich ihrer später, wenn er gewaltsam gegen die Weber vorgehen will (im 4. Akt).

„a klee hiprich Jungl“: ein kleiner schwächlicher Junge. Hiperle ist das kleine, hilflose Kind.

„etwa de Krenkt“: gemeint ist die Schwindsucht.

„Kerndl“: Körnchen.

„zu a vierzehn Nothelfern“: vierzehn Heilige,von denen jeder in besonderen Notlagen angerufen wird.

„a brinkel angestrich'n“: ein wenig staubig gemacht.

„zweemal an Iebergang“: eine Fehlgeburt.

2. Akt

„eine kontrakte Alte“: an den Gliedern gelähmt, gekrümmt.

„mißt er schon wieder knipp'n?“: schon wieder knoten, weil das Garn gerissen ist. Der Fabrikant hat minderwertiges Garn geliefert.

„a Neegl . . .“: einen Topf voll.

„Kerndl“: hier Körner für Kornkaffee.

„a paar Rittl“: mundartlich: etwas Reisig.

„nächten Abend“: gestern abend.

„Ami'n“: Name des Hundes, den der alte Baumert schlachten ließ.

„a brinkl verblasen“: ein wenig verschnaufen, zu Atem kommen.

„a Nischtegutts“: ein Taugenichts.

„marode“: krank.

„Meesekaste ufstelln und Rotkätlsprenkel“: Meisenkästen aufstellen und Leimruten für Singvögel, Rotkehlchen legen. Vögel werden auch heute noch in Italien gefangen und verzehrt.

„die Plautze“: der Atem, die Brust.
„a mukscht“: muckst, ist verdrießlich.
„a eelitzicher Mann“: ein einzelnstehender Mann.
„a Neggl Abgelassene“: ein Topf entrahmte Milch.
„Moritz lehr'n“: verballhornt aus „Mores lehren“.
„da hatt ich de Kneppe“: da hatte ich die Knöpfe, nämlich die des Gefreiten.
„gefirre“: flink, willig.
„finkeln“: blitzen, funkeln.
„da kreescht a Brate“: da brutzelt ein Braten, der des geschlachteten Hundes.
„sollst laba“: sollst leben.
„is gar ratlich“: sehr rätlich, zu empfehlen.
„noch 'ne Guttschmeckle“: ein angenehmer Geruch.
„aan Beehmen und sechs Fenniche“: das sind zusammen 36 Pfennige. Der Mindestlohn des Fabrikarbeiters betrug damals 80 Pfennige und ebenso hoch war auch das Existenzminimum.
„den Pli“: eigentlich: den Schliff, das richtige Benehmen. Das Fremdwort wird hier mißverstanden angewandt, etwa im Sinne „den Dreh“ oder „die Wahrheit“.
„meent a iebersche“: mit über das normale Maß hinaus geleisteter Arbeit.
„kumpabel“: aus kapabel, fähig zu . . .
„vor richtig vorschirr'n“: den Tisch richtig decken.
„a Gottstischrock“: der schwarze Gehrock, der zu feierlichen Anlässen getragen wurde.
„Eklipaschen“: aus: Equipagen.
„Schölzerei“: Wohnung des Gemeindevorstehers, des Schulzen, der gleichzeitig Wirt war.
„de Hucke voll“: den Buckel voll.
„feder!“: beeil dich!
„den alten Fabrikantenräudeln“: Räudel sind rohe, grausame Menschen.
„Dittrich“: der wirkliche Name des Fabrikanten in Langenbielau, der als erster mechanische Webstühle aufstellte, war Dierig.
„Krien“: Mut.

„dergattert“: ergattert.
„Schmärwampen“: Schmerbäuche.

3. Akt

„Honoratioren“: die Angehörigen der besseren Stände.
„rasnich“: schrecklich, fürchterlich.
„Magnaten“: eigentlich ungarische Adlige; hier: wohlhabende Leute.
„verschuldet“: hier mundartlich genau umgekehrt wie im Schrifthochdeutschen: man hat Schulden bei ihm, man bleibt dem Pastor die Gebühren schuldig.
„ihre scheene lebervorteilung“: ihren schönen Geldgewinn.
„Offertorien“: im Sinne Gebühren gebraucht. Die Pfarrer versuchen trotz der Armut der Bevölkerung aus dieser bei Amtshandlungen die höchstmöglichen Gebühren herauszuholen.
„Hakel und Esel“: Haken und Ösen.
„Scholzentochter“: die Tochter eines Ortsverstehers, der gleichzeitig Großbauer war.
„Geniste“: spöttisch für Haus, Behausung.
„Sie machen Furore. Parole d'honneur“: Sie werden Aufsehen erregen, Erfolg haben. Auf mein Ehrenwort.
„de Nipper“: die Hehler.
„de kleen Kreppe“: die kleinen Kinder; wörtlich: Kröpfe.
„Schutzgelder, Spinngelder . . .“: Anspielung auf die Privilegien des Adels; die Weber werden nicht nur von den Fabrikanten, sondern auch von den adligen Grundherren rücksichtslos ausgebeutet.
„mit achzig Radwern“: Ein altes Maß; etwa 80 Fuhren.
„a Griebsch“: das Kerngehäuse des Obstes.
„a Bremmerochse“: ein Zuchtbulle; auch einfach Bremmer genannt.
„Schlichte hab'n se gefressen“: Schlichte ist das mit Stärke versetzte Wasser, das zum Glätten des Garnes dient.
„Klitschen“: eigentlich: kleiner landwirtschaftlicher Besitz, hier auch armselige Häuschen.

„Schaubennester“: strohgedeckte Hütten.
„a Teeps“: ein Lärm.
„Schepps trinken und Kaffee lappen“: Champagner trinken und Kaffee schlürfen.
„zu solchen Goten“: zu solchen schlechten Kerlen.
„d'r Robspier“: Maximilian de Robespierre (1758–1794), der französische Revolutionär, der die Hinrichtung Ludwigs XVI. betrieb.
„Allee, schaff fort“: verdrehte französische Ausdrücke: allez = geht, zum Schafott.
„Giljotine“: die Guillotine, die von dem Arzt Guillot erfundene Hinrichtungsmaschine.
„allong sangfang“: allons enfants, der Anfang der Marseillaise.
„ob ma nu schachtert . . .“: ob man sich abmüht.
„plamp ich“: pfeife ich; plampen bedeutet eigentlich: sich träge herumtreiben.
„seine kohlrote Gurke“: kohlrot = rot wie eine glühende Kohle; Gurke spöttisch für Nase.
„Schepsbier“: schlechtes Bier.
„bekreeschen“: betrinken.
„im Stockhause“: im Gefängnis. Man legte früher, um die Bewachung zu ersparen, die Gefangenen in den Stock, in Fußfesseln.
„in Reechenbach“: der Kreisstadt Reichenbach.
„Krepper“: schwächlich gewordene alte Männer.

4. Akt

„insultiert“: beleidigt.
„cum grano salis“: sprichwörtlich für im großen und ganzen; wörtlich: mit einem Körnchen Salz, mit etwas Geist, abwägend; nach Plinius' Naturalis historia 23,8.
„mit dem Kantschu“: mit der Lederpeitsche.
„Hab ich mit dir schonne die Schweine gehit't?“: hab ich mit dir schon die Schweine gehütet?; sprichwörtlich derbe Zurückweisung allzu grober und plumper Vertraulichkeit.
„Plättbrettl-Emilie“: Das Mädchen war, ehe es die Stelle bei Dreißiger annahm, Büglerin.

„Kanaille“: französisch: canaille = Gesindel, Pöbel, Schurke.
„riede Hunde“: rüde, grobe Hunde.
„schipp nich!“: Schippen, auch schuppen, schulfen = stoßen, heftig drängen.
„schirjen“: schreien.
„Wirgebänder“: Schimpfwort; etwa: Galgenstricke.
„knippen mer'n uf“: hängen wir ihn auf.
„was a lustig is“: wozu er Lust hat.

5. Akt

„Ritsche“: Fußbank.
„Prast“: Niederdeutsch: auch Brasch oder Brassel, Gerümpel.
„batzig“: patzig trotzig.
„nach Reechenbach“: in die Kreisstadt.
„plutze“: plötzlich.
„verpucht“: entstellt aus „verflucht“.
„gejähdert“: auch gejachtert: angejagt, angerannt.
„hinder a Oden“: außer Atem.
„Dare“: Dirne, Mädchen.
„renitent“: aufsässig.
„marodieren“: plündern.
„genatscht“: geweint.
„Bunzeltopp“: die schlesische Kreisstadt Bunzlau war wegen ihrer Tonwaren, des Bunzlauer Geschirrs, berühmt.
„Stichlinge“: Spieße; hier sind wohl Heugabeln gemeint.
„an Finfbeehmer“: ein Fünfsilbergroschenstück.
„kaffer dich“: hock dich, verkriech dich.
„in de Helle“: Hölle ist der Raum zwischen dem Ofen und der Wand.
„rumpaschen“: hinwegschmuggeln.
„Gattschliche“: Weichlinge, Feiglinge.
„schißkojenne“: entstellt aus polnisch „wszystko jedno“ = alles einerlei, gleichgültig.
„O Jeckerle“: entstellt aus „O Jesulein“.
„dernachert“: nachher.
„deine Parte“: deinen Teil, dein dir bestimmtes Los.

„gefirre“: gefährlich, zur Gewalttat neigend.
„Exterei“: Plackerei, harte Arbeit.
„Schlampancher“: Champagner, Sekt.
„Verflugasich“: Fluch; entstellt aus etwa „verflucht, was ist“.
„das wär . . . a Gestrichnes“: das wäre etwas Rechtes, ironisch gemeint.
„ihr Hellenbrände“: ihr Höllenbrände, ihr Teufelsbraten.
„ so fläm'sch“: so ungebührlich, unverschämt.
„labern“: schwätzen.
„an kleine Schleuder . . .“: einen kleinen Fehler, ein bißchen übergeschnappt.
„ums Kringl rum“: im Kreise.
„getreescht“: hervorgeschossen.
„Nu zieht aber Leine“: sprichwörtlich: nun ist aber der Höhepunkt erreicht.

4.3 Einzelaspekte

Ein Stück ohne Helden

Zur Charakteristik der einzelnen Gestalten des Dramas

Als absolut neu an den „Wobern“ wurde nach der Uraufführung in der gesamten Kritik hervorgehoben, daß dieses Stück keinen Helden, genauer keinen einzelnen Helden habe, um den sich die ganze Handlung dreht. Als „Held“ sah man die graue, anonyme Masse der notleidenden Weber an. „Das ganze Volk der Weber ist Träger der Handlung. Das war das Neue dieses Werkes, heißt es lapidar in einer gerade unter Schülern und Studierenden weitverbreiteten Literaturgeschichte (Vogelpohl, S. 127). Dieser Masse standen als Gegenspieler die ebenso als Gruppe, wenn man will als „Kollektiv“ gesehenen Fabrikanten gegenüber. Auch sie bleiben Masse und werden nicht zur individuellen Erscheinung. Dabei fand man, wobei sicher bürgerliches Ressentiment mitspielte, daß Hauptmann sich durch seine Sympathien für die Weber dazu verleiten ließ, die Dreißigerseite zu verzeichnen, zu verzerren, daß er versäumte, die relative Berechtigung des Standpunktes der Fabrikanten, die doch auch, woran kein vernünftiger Mensch zweifeln kann, unter der damaligen empfindlichen Krise des textilen Gewerbes ihr gerütteltes Maß an Sorgen hatten, anzuerkennen, daß er deshalb auch das Verhältnis einseitig zugunsten der Weber und zu Lasten der Fabrikanten gezeichnet habe.

Demgegenüber gilt es, daran festzuhalten, daß mit solchen Betrachtungen das Anliegen des Dichters verkannt ist. Er wollte kein soziales Drama im engeren Sinne, kein Tendenzstück mit sozialer oder politischer Absicht schreiben. Es ging ihm auch in diesem Stück ausschließlich um den Menschen, um jeden einzelnen Menschen. Darum wird selbst dort, wo die Weber als Masse auftreten, diese Masse immer wieder in Gruppen oder Einzelpersonen aufgelöst, von denen jede auf eigene Weise und aus eigenem Charakter handelt und reagiert. Als anonym bleibende junge Weber und Webermädchen zuerst in Dreißigers Stube eindringen (4. Akt), heißt es in der Regieanweisung: „Es erscheinen nun junge Weber und Webermädchen in der Flurtür, die nicht wagen einzutreten und eines das andere hereinzustoßen suchen. Nach einigen Sekunden ist die Schüchternheit überwunden und die Gestalten verteilen sich in Dreißigers Zimmer und Salon, alles zunächst neugierig betrachtend, dann betastend. Mädchen versuchen die Sofas; es bilden sich Gruppen, die sich im Spiegel bewundern. Es steigen andere auf Stühle, um die Bilder zu betrachten und herabzunehmen." So benimmt sich keine fanatisierte Masse, kein bewußter Revolutionär. Auch hier folgt noch jeder seiner eigenen Neigung, er sucht Spaß oder Befriedigung seiner Neugier, ohne aber an ein bestimmtes Ziel, eine vorgefaßte Absicht zu denken.

Vor allem aber bleibt festzustellen, daß, vom vierten Akt abgesehen, die aufständische Masse der Weber gar nicht auf der Bühne erscheint, daß alles turbulente Geschehen sich hinter ihr abspielt, beobachtet wird, sich in durchaus mit persönlichen Zügen ausgestatteten Menschen spiegelt, die immer eigengeartet bleiben. Nicht das Geschehen als solches ist entscheidend für das Drama, sondern seine Ein- und Auswirkung bei einzelnen Menschen, die trotz und vielleicht – im Falle des alten Hilse – wegen des großen Elends oder – bei den Fabrikanten – Glanzes nichts von ihrer selbständigen und selbstbewußten Persönlichkeit verloren haben, die gute und schlechte Züge voll ausgeprägt erhalten. Selten, eigentlich nur im ersten Akt, tritt auch der reine Typ auf, der eine bestimmte Verhaltensweise verkörpert,ohne darüber eigenes Gesicht zu gewinnen, der also nur einen Hintergrund des Handelns sichtbar werden läßt. Dabei genügen oft wenige Worte, um die Person vor dem Zuschauer oder Leser erstehen zu lassen. Hier ist Gregors Anspielung auf die Technik der Holzplastik voll angebracht. Nichts ist idealisiert, alles ist weg gelassen, was nicht unbedingt notwendig für den künstlerischen Plan ist; aber gerade deshalb erstehen vor uns zahlreiche und verschiedenartigste Menschen von Fleisch und Blut. Wenn in der Literatur gelegentlich von Typen gesprochen wird, so kann das nie dahingehend gedeutet werden, daß Hauptmann bestimmte Charaktertypen darstellte, es deutet nur an, daß seine Menschen zum Teil wenigstens ein Verhalten zeigen, das für gewisse religiöse oder gesellschaftliche Gruppen typisch sein kann. Als Beispiel dafür kann man den alten Hilse ansehen. Er benimmt sich typisch wie einer der frömmelnden Sektierer und wird selbst von seiner Umwelt so verstanden. Aber in seiner Rechtfertigung vor dem Sohn wird dann sichtbar, daß er keineswegs der Feigling ist, der sich in fromme Sprüchlein flüchtete und mit ihnen seine eigene Unfähigkeit, die Dinge des Lebens zu meistern, verdeckt. Plötzlich steht vor uns der alte Soldat, der Invalide des großen Krieges, der sich vor der eigenen Leidenschaftlichkeit und Aufsässigkeit in die Religion rettete und nun seine Position mit der gleichen Härte verteidigt wie einst das Vaterland auf dem Schlachtfelde, dem Gott zum unerbittlichen Vorgesetzten geworden ist, der absolute Unterwerfung unter sein Gebot, seinen Befehl verlangt, mag das alles auch von der Forderung des Lebens her sinnlos erscheinen. Wie er einst als Soldat auf Posten zog, ohne zu fragen, ob es gefährlich oder überhaupt nur notwendig war, so bleibt er jetzt am Webstuhl: „Hie hat mich mei himmlischer Vater hergesetzt. Hie bleiben m'r sitzen und tun, was mer schuldig sein." Und auf diesem seinem Schlachtfelde der Selbstbehauptung trifft ihn die Kugel, die ihn einst auf den Schlachtfeldern des Krieges verschonte.

Immer wieder zeigt sich die Größe des Dichters darin, daß er seine Gestalten der dramatischen Funktion nicht unter-, sondern lebensvoll einordnet. Einige von ihnen sind vom Anfang des Stückes bis zum Ende beibehalten, voran der alte Baumert. Er ist ein gerader, biederer Charakter, grundehrlich und offenherzig, aber auch von starkem Gerechtigkeitsgefühl durchdrungen. Ein langes Leben der schweren Arbeit bei bitterster Not hat ihn nicht müde gemacht. Er wird lange auch nicht irre in seinem Glauben an eine ausgleichende Ordnung, die das vorübergehend gestörte soziale Gleichgewicht wieder ausbalancieren wird: „'s mißt amal eener hingehn nach Berlin, und mißt's 'n Kenniche vorstell'n, wie's uns aso geht." Aber er muß erkennen, daß diejenigen, die nach den Gesetzen dieser Welt dazu bestimmt sind, über Gerechtigkeit und Ordnung zu wachen, versagen, daß seine Hoffnungen sinnlos sind, daß er und die Seinen der Willkür bedingungslos preisgegeben wurden. Da tut er den Schritt, der allein noch bleibt, wenn Recht und Gerechtigkeit versagen: „Ich bin ein braver Mensch gewest mei Lebe lang, und nun seht mich an! Was hab ich davon? Wie seh ich aus? Was hab'n se aus mir gemacht? Hier wird der Mensch langsam gequält . . . Ihr Schurken all, ihr Satansbrut!"

Als furchtbare Erschütterung erlebt er unter der Anregung des Weberliedes den Zusammenbruch einer bisher geordnet geglaubten Welt. Nun aber wird ihm die Teilnahme am Versuch der gewaltsamen Lösung zur Pflicht, jetzt, da die Gesetze dieser Welt versagen, folgt er bedingungslos dem Gesetz der Not. Immer bleibt er dabei verlegen und unsicher, ein Leben der Arbeit und des Glaubens an irdische Gerechtigkeit steht ihm hindernd entgegen. Aber er kann dem Wirt zu Peterswaldau nur erklären: „A Junges kann manchmal, und a Altes muß." Und er wird einer der fanatischsten unter den Aufrührern, der keine Rücksicht mehr kennt. Aber selbst im Augenblick des Handelns löst er sich niemals ganz von seiner Vergangenheit: „Ich wollte ja gerne nich mitmachen. Aber sieh ock, d'r Mensch muß doch a eenziges Mal an Augenblick Luft kriegen."

Was bei Baumert zur Erschütterung tiefster Erkenntnis der Herrschaft des Unrechtes in der Welt führt, bringt den alten *Ansorge* zur leidenschaftlichen Wut. Auch er war durch ein langes Leben arbeitsam, ehrbar und rechtschaffen. So hünenhaft er äußerlich wirkt, so schwerfällig, ja schüchtern und kindlich einfach ist er in seinem Wesen. Über den dürftigen Bericht über sein unmittelbares Tun und das stereotype „Na jaja – nu nee nee" kommt er im Wirtshaus, als alles sich mit ihm beschäftigt, nicht hinaus. Aber als die Not der Weber zum Thema des Gespräches wird, ist er da mit dem aufreizenden: „'s is halt aso: was uns d'r Fabrikante iebrich läßt, das holt uns der Edelmann vollens aus d'r Tasche." Für ihn gilt jetzt: „Mir is jetzt schonn eegal, 's kommt aso oder aso." Und doch muß er sich, ehe er zum Zerstörungswerk in Dreißigers Haus schreitet, vor sich selbst erst rechtfertigen, sich mit sich selbst erst aussprechen, sich selbst durch Nachdenken über sein und aller Weber Schicksal in die Wut steigern, die ihn zu allem fähig macht: „Wer bin ich? D'r Weber Anton Ansorge. Is a verruckt gewor'n, Ansorge? 's is' wahr, mit mir dreht sich's ums Kreisel rum wie 'ne Bremse. Was macht a hier? Was a lustig is, wird a woll machen. Wo is a hier, Ansorge? Ich bin ni gescheut! Ich steh fer nischt. Ich bin ni recht richtig. Geht weg, geht weg! Geht weg, ihr Rebeller! Kopp weg, Beene weg, Hände weg! Nimmst du m'r mei Häusl, nehm ich d'r dei Häusl. Immer druf!" Und mit Geheul dringt er als erster vor in den Salon des Fabrikanten. Es gibt in der ganzen Weltliteratur keine Dichtung mehr, in der das Ausbrechen der Revolution, die innere Befreiung des einzelnen zu ihr, so treffend und zugleich menschlich dargestellt ist.

Selbst die nur im ersten Akt namentlich auftretenden Weber wie *Reimann,* der einfach nicht daran zu glauben vermag, daß es

Sache der Reichen ist, zu bestimmen, was recht und unrecht ist, stehen mit wenigen Strichen gezeichnet lebensvoll vor uns. Nicht zufällig ist es der Weber Heiber, der es mit der Demütigung und Unterwürfigkeit versucht, der um einer Stundung eines Vorschusses willen alle Kränkung und Ungerechtigkeit scheinbar ergeben hinnimmt, und der dann doch als erster ausspricht, was im Grunde alle schon längst bewegt und was er für die letzte Ursache der allgemeinen Not hält: „Ma muß eben's wenn d'r Hunger kommt, zu a vierzehn Nothelfern beten, und wenn ma dadervon etwa ni satt wird, da muß man an Steen ins Maul nehmen und dran lutschen. Gell Baumert?" Versteckt deutet er als erster an, daß es anders sein könnte, wenn die Weber statt der Ergebung den Willen zum Handeln zur Revolution hätten.

Den alten Webern stehen auch in den jungen ausgeprägte Charaktere gegenüber, die aktiver und weniger an Vergangenes gebunden sind. Als der alte Baumert die großen Reden des eben vom Militär zurückgekehrten Moritz *Jäger* hört, kommt er spontan auf den Gedanken, daß er der geeignete Mann sein müsse, die Sache der Weber in die Hand zu nehmen, und Jäger selbst fühlt sich auch sofort als der richtige Mann. Im Grunde hat er keine Befähigung zum Volksführer und schon gar nicht zum Revolutionär, weil ihm jede klare Vorstellung vom Ziel und Ende dieser Revolution fehlt. Aber den alten Webern, die ein Leben der bescheidenen, aber festgefügten Ordnung gewöhnt sind, erscheint er so, weil er sich, obwohl er ursprünglich als Tunichtgut im Dorf bekannt war, zum mindesten nach seinen großspurigen Reden während seiner Soldatenzeit zu einer Art Persönlichkeit gewandelt hat. Er erscheint ihnen jedenfalls als reicher und unabhängiger Mann, weil er sauber gekleidet, gut ernährt und mit Ersparnissen, die ihn spendierfreudig machen, versehen ist. Sicher hat der Dichter nicht beabsichtigt, wie man gelegentlich liest, ihn als Mann, der tiefere gesellschaftliche Einsichten gewonnen hätte, darzustellen. Allzu triumphierend erzählt er, wie er sich durch jegliche Willfährigkeit und Unterwürfigkeit beim Militär heraufgedient hat, wie er es verstand, die Vorgesetzten durch jeglichen erwünschten Eifer und nicht zuletzt auch durch persönliche Dienstfertigkeit für sich einzunehmen. „Willig muß man sein, daß is's Haupt", ist sein Grundsatz, schwerlich als der eines Revolutionärs. Aber er ist eine gutmütige Natur. Tief empfindet er die Not seiner Landsleute, als er nach Jahren, in denen er keinen Hunger, kein Elend und keine materielle Unterdrückung erlebte, zu ihnen zurückkehrt. Um so klarer erkennt er nun die trostlosen Verhältnisse der Heimat, aber auch den krassen Gegensatz zwischen der Armut der Weber und dem Reichtum und Luxus der Fabrikanten, der ihm auch als eigenes Schicksal droht. Er hat unterwegs immer die Augen offengehalten. Im Grunde ist er immer noch der alte Tunichtgut, rasch, abenteuerlich, wechselhaft, aber auch selbstbewußt, vielleicht noch selbstbewußter als zuvor wegen seiner größeren Weltkenntnis und zudem ungehemmt tatenfreudig. Das macht ihn in der unentschlossenen und schwer beweglichen Masse der Weber zum belebenden Anführer, der mit dem Dreißigerlied, dem „Blutgericht", die längst vorbereiteten Gemüter erregt und gewinnt, der, ohne persönliche oder überhaupt faßbare konkrete Ziele zu verfolgen, die Zögernden mitreißt in den allgemeinen Wirbel.

Von *Bäcker* fordert die Regieanweisung seines ersten Auftritts, daß sein Gebaren „ungezwungen, fast frech" ist. Als er eintritt, werfen sich der Kassierer und der Lehrling bedeutsame Blicke zu, und der Expedient benutzt den ersten Widerspruch des Webers dazu, seinen Herrn herbeizurufen, der mit ihm ein Hühnchen rupfen möchte, weil er sich über das nächtliche Absingen des „Blutgerichtes" empört. Er versucht es mit brutaler Gewalt und setzt dem nicht einzuschüchternden Bäcker schließlich den Stuhl vor die Tür. Aber es wird doch klar, daß hier jemand steht, der dem Fabrikanten gewachsen ist. Mit richtigem Instinkt hat dieser erkannt, daß ihm ein gefährlicher Gegner gegenübersteht, der nicht gewillt ist, wie so viele andere, das Elend als gottgegebenes Schicksal hinzunehmen, der seine Ursachen kennt und weiß, daß es anders sein könnte, wenn statt rücksichtsloser Ausbeutung auf der einen und ergebener Demut und Unterwürfigkeit auf der anderen Seite wirtschaftliche Einsicht und Vernunft herrschten. Vor allem aber ist Bäcker nicht gewillt, sein

Menschenrecht, die Achtung vor der Persönlichkeit, der materiellen Sicherheit zu opfern. Was ihn dem Fabrikanten aber so gefährlich erscheinen läßt, ist gerade das, was er mit ihm gemeinsam hat, die Rücksichtslosigkeit, mit der er sich durchsetzt, die Gewandtheit der Rede, mit der er seinen Standpunkt behauptet, seine Hartnäckigkeit, wenn es gilt, sein Recht zu wahren, sein Mut gegenüber Höhergestellten, der Instinkt, mit dem er auch hinter der glänzenden Fassade des reichgewordenen Fabrikanten den ordinären Menschen wittert. Seine Unerschrokkenheit muß in dieser Umgebung, in der alles vor dem Reichtum sich beugt, in der das Geld herrscht und in Unterwürfigkeit und Untertanengeist als Herrscher anerkannt wird, als Frechheit erscheinen, um so mehr, als Bäcker versteht, auf den groben Klotz den gröberen Keil zu setzen. Er ist nicht eigentlich frech, aber er wird rüde und grob, wo er angegriffen wird, und dabei weiß er mit dem Gewöhnlichen genauso gewöhnlich zu reden wie hochfahrend mit dem Anmaßenden. Beiden, Bäcker und Jäger, fehlt aber auch nicht ein gewisses Organisationstalent und die Fähigkeit, durch ihren eigenen Elan, die anderen mitzureißen.

Aber Bäcker und Jäger sind nicht die Revolutionäre, sie begnügen sich vorerst damit, vor den Häusern der Fabrikanten das „Blutgericht" zu singen, über nächtliche Streiche kommen sie nicht hinaus. Dazu bedürfen auch sie eines stärkeren Anstoßes, und der kommt von dem Schmied *Wittig,* dem heißblütigen Revoluzzer von Natur aus, der fanatisch alles Unrecht und noch mehr alle Unmenschlichkeit haßt, der den gegen Schwächere immer tapferen Gendarm vom Pferde zog, als er einen kleinen, schwächlichen Jungen wegen einer Kleinigkeit brutal mißhandelte und der dafür von Fabrikanten und Bauern, von allen Besitzenden stillschweigend geächtet wird. Sein Hohn über den alten Baumert, der vorsichtig die Möglichkeit eines gewaltsamen Vorgehens der Weber andeutet, wenn die Not das noch Menschenmögliche überschritten hat, wird erst der wirkliche Anstoß zur Gewalt. „Ihr Leute ich lach micht tot. Der alte Baumert will Rebell on machen. Nu wern mersch hab'n: itzt fangen de Schneider ooch an, dann wern de Bälämmel rebellisch, dann de Mäuse und

Ratten. O du meine Gitte, des werd a Tanz werden!" Aber Wittig wird deutlicher noch, als Baumert meint: „Wenn's im guten ging, wärsch besser." Jetzt bricht der Geist des Revolutionärs bei Wittig durch: „Dreck werd's gehn, aber nich im guden. Wo wär aso was im guden gangen? Is's etwa in Frankreich im guden gangen? Hat etwa d'r Robspier a Reichen de Patsche gestreechelt? Da hieß's bloß: Allee, schaff fort! Immer nuf uf de Giljotine! Das muß gehen allong sangfang." Aber Wittig ist die Revolution noch mehr als die bloße Abrechnung mit den Urhebern der Webernot. Er war Soldat im Kriege gegen Napoleon, er hat erlebt, wie die Fürsten die Ideale verrieten, für die das Volk in den blutigen Krieg gezogen war und schwere Opfer gebracht hatte. Für ihn ist der Aufstand auch die Abrechnung mit einem verhaßten politischen System, das, um die Macht und den Reichtum einzelner weniger zu schützen, das Unrecht und die Not an sehr vielen als geordneten Rechtszustand hinstellen möchte. So wird er der eigentliche Anführer, wenn dieser Weberaufstand überhaupt einen braucht, er geht jedenfalls voran und schlägt die Türen der Häuser der reichen Fabrikanten für die Aufständischen ein.

Die Reihe der Weber ist noch lang, mancher, der nicht mit Namen genannt wird, rückt für einen Augenblick als Exponent einer bestimmten menschlichen Not, Denkweise oder Haltung, dabei aber doch als ausgeprägte Persönlichkeit ins volle Bewußtsein des Zuschauers. Die gute Bühnendarstellung macht das noch lebendiger als die Lektüre. Dazu kommen die Frauengestalten, die alten, früh verbraucht durch harte Arbeit und Entbehrung, gelähmt, hilflos und doch mit ihren letzten Kräften noch bei der Arbeit, die jungen, eingespannt in die stete Tretmühle eines mühevollen und ausweglosen Alltags, der keinen Lichtblick auf nur wenige bessere Stunden eröffnet. Jede ist wieder ein voller Mensch wie die beiden Töchter des alten Baumert, die ältere, schon vom Leben fast zertretene Emma und die jüngere, stetig hilfsbereite Bertha. Zu ihnen tritt der einzige Mensch des Stükkes, der nur noch Verzweiflung ist, die Frau des Webers Heinrich, deren kurzer Auftritt die schmale Grenze zwischen Not und Tod sichtbar werden läßt, und der die Baumerts in ihrer eigenen

Armut doch nicht helfen können. Unter den Frauengestalten ragt dann eine hervor, Luise, die Schwiegertochter des alten Hilse. Sie ist fromm, arbeitsam, den alten Eltern ergeben, ein braver und lenkbarer Mensch, aber leidenschaftlich vom Wunsch nach dem Leben besessen. Sie erkennt, daß die Frömmigkeit und Gottergebenheit auch Flucht vor sich selbst und der Verantwortung für sich selbst und die kommende Generation, die Kinder, deren Sterben man fast gleichmütig hinnahm, sein kann, daß sie oft nichts weiter als Resignation und mangelnder Mut zur Tat ist. Sie kann und will aus ihrem Lebenswillen nicht daran glauben, daß die Ungerechtigkeit der Welt unabänderlicher göttlicher Wille ist, den der Mensch nur unter Sünde ändern darf. Sie stellt das Recht auf das Leben über das vorgebliche göttliche Gebot und das irdische Gesetz, das für den alten Hilse ebenso göttlicher Wille ist, da jedermann der Obrigkeit untertan sein soll. Sie empfindet instinktiv, daß gegen willkürliche und gewaltsame Unterdrückung nur Gewalt helfen kann, und eilt leidenschaftlich entschlossen hinaus, um sich den Aufrühern anzuschließen. Sie wühlt damit das ganze Innere des Schwiegervaters auf, das Eingeständnis seiner Unfähigkeit, aus einer sich selbst zurechtgezimmerten Ordnung auszubrechen, kommt. Ihr Mann aber, Gottlieb, wird durch ihr Beispiel nach langem innerem Kampf gerade in dem Augenblick, in dem den Aufrührern höchste Gefahr droht, mitgerissen, und das geschieht keineswegs nur aus dem Willen, sein Weib zu beschützen, sondern aus der Erkenntnis, daß hier Gewalt gegen das natürlichste Recht des Menschen auf das Leben gesetzt wird: „Sollen wir Pulver und Blei stats Brot fressen?"

Von den Gegenspielern der Weber, den Fabrikanten, ist nur einer mit seinem Anhang ausgeführt, der mächtigste von allen, den auch das Weberlied als Prototyp dieser Seite nennt:

> „Die Herrn Dreißiger die Henker sind,
> die Diener ihre Schergen . . ."

Die bürgerliche Kritik hat Hauptmann den Vorwurf gemacht, den Fabrikanten Dreißiger verzerrt gezeichnet, ja, ihn zur Karikatur gemacht zu haben, weil er einseitig Partei für die Weber ergriffen hatte. Aber der Dichter läßt seiner wirtschaftlichen Lage, die er angeblich außer acht gelassen haben sollte, alle Gerechtigkeit angedeihen. Dreißiger selbst erklärt dem Pastor Kittelhaus die Ursache der Schwierigkeiten: ,,Das Ausland hat sich gegen uns durch Zölle verbarrikadiert. Dort sind uns die besten Märkte abgeschnitten, und im Inland müssen wir ebenfalls auf Tod und Leben konkurrieren, denn wir sind preisgegeben, völlig preisgegeben." Den letzten Teil dieser Erklärung verstand zur Zeit der Uraufführung jeder einigermaßen Gebildete noch, für unsere Zeit bleibt zu ergänzen, daß er sich auf das Versagen der eigenen Regierung bezieht, die angesichts der Maßnahmen des Auslandes versäumte, irgendwelche Schutzmaßnahmen für das inländische Gewerbe durchzuführen. Und wenn Dreißiger im ersten Akt den bettelnden Webern erklärt: ,,De Geschäfte gehen hundsmiserabel, daß wißt ihr ja selbst. Ich setze zu, statt daß ich verdiene", so mag das für den Augenblick jedenfalls durchaus den Tatsachen entsprechen, der Dichter macht keinen Versuch, ihn zu widerlegen. Zweifellos ist es richtig, daß Dreißiger unter den gegebenen Umständen ,,ein immenses Risiko" trägt. Soweit es sich um die wirtschaftliche Lage handelt, läßt Hauptmann dem Fabrikanten alle Gerechtigkeit widerfahren.

Der Haß der Weber auf den Fabrikanten hat keine wirtschaftlichen Gründe, jedenfalls ist es nicht zuerst der Neid auf seinen Gewinn. Es ergibt sich aus seinem menschlichen Versagen. Dreißiger ist ein Emporkömmling übelster Art, brutal, rücksichtslos, gewinn- und genußsüchtig, protzig und dabei bar jedes Ethos oder sozialen Gefühls. Der Weber als Mensch ist ihm gleichgültig, er ist ihm nur Mittel zum Zweck, Faktor der Produktion, der nach Gewinn oder Verlust einkalkuliert wird. Dazu kommt noch sein ausgeprägtes und um so auffälligeres, weil unnatürliches Herrenbewußtsein, das sich über die Masse erhebt, Gehorsam und Unterwerfung verlangt, ohne an der menschlichen Situation der von ihm Abhängigen Anteil zu nehmen. Sicher hat er mit wirtschaftlichen Schwierigkeiten zu kämpfen, aber er sucht möglichst jede Last auf den einzigen Faktor der Erzeugung abzuwerfen, über den er allein zu bestimmen hat, auf den arbeitenden Menschen. Wenn seine Kalkulation es erfordert, muß eben unter dem Existenzminimum gearbeitet werden, und wenn es selbst dazu nicht mehr reicht, für eine Quarkschnitte. Wer sich nicht fügt, fliegt. Niemals kommt er auf den Gedanken, daß durch Veränderungen in den Produktionsmethoden oder im Produktionsprogramm ein Wandel eingeleitet werden könnte. Das würde sein Geld kosten, neues Risiko bedeuten, und der Luxus, an den sich Dreißiger gewöhnt hat, erlaubt ihm nicht, für die Weber ein Risiko einzugehen, er würde es nur dann auf sich nehmen, wenn auch die Weber bei Löhnen, die weit unter dem Existenzminimum liegen, nicht mehr rentabel wären. Aber es gibt noch genug von den Hungerleidern.

Im Grunde ist Dreißiger aber viel zu sehr Emporkömmling, als daß er sich nicht der Unsicherheit aller seiner Herrlichkeit, mag es auch nur instinktiv sein, bewußt bliebe. Deshalb erschrickt er über alles, was seine Rechtlichkeit und Unantastbarkeit stören und beeinträchtigen könnte. Es stört ihn, daß ein Kind in seiner Annahme ohnmächtig zusammenbricht, aber daß es vor Hunger geschieht, will er nicht gehört haben. Gleich darauf spielt er sich zum Sittenrichter auf, der die leichtsinnigen Eltern verurteilt, die zarten Kindern so schwere Lasten aufbürden. Daß die Not die Eltern dazu zwang, darf und will er nicht sehen. Er versucht, sich von den ausgehungerten und um jeden Groschen bangenden Webern bestätigen zu lassen, daß nicht seine gedrückten Löhne, sondern der Leichtsinn und die mangelnde Sparsamkeit der Weber, die ihre Groschen verjubeln, statt sie für mögliche schlechte Zeiten zusammenzuhalten, die Ursache der Not sind. Und die aus Existenzangst gedemütigten Weber geben ihm recht. Um so mehr fürchtet Dreißiger nun diejenigen, die nicht servil genug sind, seinen Phrasen zuzustimmen, die nicht davon überzeugt sind, daß der schroffste Gegensatz zwischen arm und reich die richtige Weltordnung ist. So richtet sich seine Wut auf die Humanitätsdusler, die in den Zeitungen die Partei der Weber ergreifen. Mit dem im Grunde bescheidenen, nur von eigentlich recht vagen und nach Meinung des Fabrikanten unreifen Vorstellungen von einer möglichen sozialen Gerechtigkeit erfüllten Kandidaten und Hauslehrer *Weinhold* glaubt er, noch leichtes Spiel zu haben. Allzusehr ist er gewöhnt, daß die Welt sich nach dem Grundsatz richtet: „Deß Brot ich eß, deß Lied ich sing." Aber er muß erleben, daß dieser hungrige Kandidat ihn verläßt, ehe er ihm den Stuhl vor die Türe setzen kann, wie er es so vielen hungrigen Webern getan hat. Um so erschreckender muß für ihn ein Mann wie Bäcker sein, der ihm unaufhörlich widersteht. Völlig kopflos geworden, versucht er, Gewalt gegen Empörung zu setzen, den „Hauptsänger" Jäger aus privater Rache verhaften zu lassen. Erst damit begibt er sich an die Grenze, die jeder Macht auf die Dauer gesetzt ist, er überschätzt die Macht des Kavalleriesäbels eines trottelhaften Polizeiverwalters gegenüber dem nackten Recht der menschlichen Existenz.

Was ihn umgibt, ist sein Spiegelbild. Seine Frau, eine ehemalige Wirtstochter, die er hinter der Theke hervor auf seinen Thron erhob, ist völlig unbedeutend, oberflächlich und, von ein paar Phrasen feiner Konversation abgesehen, herzlich ordinär. Sie heiratete eingestandenermaßen nach Glanz und Geld. Daran hat sie sich in der Ehe nun so gewöhnt, daß sie zu begriffsstutzig ist, gleich zu verstehen, daß einmal Reichtum und Macht ihre Herrschaft verlieren können, wenn die Gewalt, die äußerste Not entfesselte, gegen sie anrückt. Da ist sie nur ein jammerndes, von Angst geschütteltes Häufchen Elend, das klagt: „Wenn mir das hätte jemand gesagt, ich weeß gar nich, . . . am Ende wär ich lieber in mein kleinlichen Verhältnissen drinnegeblieben", und die sich an den sturen und einfältigen Kutscher Johann, der gehorcht und das Denken den mit größeren Köpfen von der Natur ausgestatteten Pferden überläßt, klammert. Sie ist viel zu dumm, um verstehen zu können, was sich abspielt. Dreißiger bleibt immerhin als Persönlichkeit mit individuellen, wenn auch, sozial gesehen, sehr negativen Zügen, sie aber ist nur eine erbärmliche Kreatur, bei der in der Not alles anerzogene und angewöhnte Herrentum abfällt und ein vor Angst haltloses Wesen übrigbleibt.

Kreaturen sind auch die Angestellten Dreißigers, allen voran der Expedient *Pfeifer*. Er war einst selbst Weber und müßte als erster die Lage seiner ehemaligen Standesgenossen verstehen. Aber unter dem Schirm des Wohlwollens des Fabrikanten hat er seine Vergangenheit gründlich vergessen. Er ist eine der zu allen Zeiten und unter allen Verhältnissen häufigen Figuren, die geborgte Macht für Charakter halten und deshalb doppelt gefährlich sind. Um sich von einstiger Niedrigkeit zu distanzieren, erhebt er sich um so mehr über diejenigen, über die er Macht hat, und er läßt sie diese Macht bei jeder Gelegenheit fühlen. Aus seelischer Verkommenheit hat er Freude daran, andere zu quälen und zu demütigen. Was er von der Weberei versteht, benutzt er dazu, in kleinlicher und gehässiger Weise die Ware der Weber herunterzumachen. Er liefert ihnen minderwertiges Garn und verlangt dafür hochqualifizierte Ware, er mäkelt an der vorgelegten Arbeit herum und drückt die Löhne zugunsten seines Herrn unter fadenscheinigen Vorwänden, die auch der einfachste Weber durchschaut. Und wie alle Kreaturen seines Schlages übertrifft er seinen Herrn noch an Überheblichkeit und und Herrschsucht, wirkt dabei aber noch unangenehmner, weil er immer ordinär ist. Die wenigen sozialen Phrasen überläßt er getrost seinem Herrn, hinter dessen Befehlen er sich dann wieder versteckt, wenn er die Weber seine Macht rücksichtlos spüren läßt. So wird er bei ihnen der bestgehaßte Mann, und nach ihm rufen sie, noch ehe sie seinem Herrn ans Leder wollen. „Feifer soll rauskommen!“ tönt es von der Straße. Wenn sich Dreißiger jetzt entschlösse, seine Kreatur zu opfern, könnte er vielleicht seinen Besitz retten. Aber dazu ist die Verachtung eines Dreißigers für die „Canaille“ viel zu groß. Wenn er andererseits seinen Expedienten mitnimmt auf die Flucht, so gewiß nicht aus Mitleid oder gar Treue, sondern nur, weil sich dieser als verkörperte, schlotternde Angst um sein Leben an ihn hängt, sich kindisch servil an ihn klammert und ihn dadurch so behindert, daß ihm nichts anderes übrigbleibt, als auch ihn zu retten, wenn er sich selbst retten will. Von gleicher Art wie Pfeifer sind auch der Kassierer *Neumann* und der Lehrling, ein Häkchen, das sich beizeiten bedenklich krümmt, Lakeiennaturen, die im Schutz ihres Herrn unbedenklich die Weber verhöhnen und ihre Spottverse auf sie singen.

Mit den Herren halten es auch von Amts wegen die Diener der Kirche und des Staates. Der Pastor *Kittelhaus* wird vom Dichter als ,,kleines, freundliches Männchen" gekennzeichnet. Die sicher bewußte doppelte Hervorhebung der Kleinheit soll seine ganze Bedeutungslosigkeit andeuten. Aber Männer seines Schlages können in einem solchen Amt nicht harmlos sein, ihre Tätigkeit kann nur als Agitation gegen das Christentum und das christliche Gebot der Nächstenliebe aufgefaßt werden. Wenn Kittelhaus dem Kandidaten für sein künftiges Berufsleben den angeblich aus Erfahrung gewonnenen Ratschlag gibt: ,,Schuster, bleib bei deinem Leisten! Seelsorger, werde kein Wanstsorger! Predige das reine Gotteswort, und im übrigen laß den sorgen, der den Vögeln ihr Bett und ihr Futter bereitet hat", so ist damit sein Amt völlig entwertet und sein Vertreter, nach dem Pauluswort, zum tönenden Erz und zur klingenden Schelle geworden und überflüssig. Das ,,reine Gotteswort" kann unmöglich leeres Gewäsch und lebensfremde Phrase sein, wie sie Kittelhaus dann ja auch hören läßt, es muß das Gewicht einer im Leben wirkenden Lehre und einer eigenen Überzeugung ins Feld führen können. Kittelhaus ist kein Seelsorger, sondern ein ,,Wanstsorger" im übelsten Sinne, weil er nämlich nur für den eigenen Wanst sorgt. Er hat sich, um sich keine möglichen Vorteile entgehen zu lassen, ganz auf die Seite der Reichen gestellt, die ihn gern als dekoratives Schaustück für ihre Kirchentreue und religiöse Ethik in ihrem Salon und an ihrem reich gedeckten Tisch dulden. Für ihn ist die Welt einfach geordnet, sie besteht aus Reichen, die bestimmen, was recht ist oder nicht, was christliche Tat oder Sünde ist, und aus den Armen, die zu kuschen haben, die im übrigen, aber so weit am Rande der Menschheit leben, daß man zwar für ihr Geld sakrale Handlungen, falls diese gefordert werden, ausführt, aber die im Salon empfindlich gewordene Nase nicht den Gerüchen ihrer armseligen Hütten aussetzt. Wohl weiß Kittelhaus gegenüber Jäger gewaltig wider ,,das schnöde, erbärmliche Geld" zu tönen, aber er hat es doch genommen und hat sogar seine geistliche Hilfe von der Höhe der dafür entrichteten Gebühr abhängig gemacht. So überzeugt er den einfachen, aber für die Dinge dieser Welt offenen Weber nicht mehr, dieser durchschaut seine Worte, hinter denen weder der Geist noch das ethische Wollen stehen, als Geschwätz. Gottes Gebote, die dieser Pastor dem aufsässigen Sünder ins Gewissen zurückrufen will, besagen nichts, als daß der Reiche befiehlt und der Arme gehorcht. Für den Pastor ist unvorstellbar, daß nun auf einmal der Grundsatz, daß Macht auch Gottes Wille ist und tun darf, was sie will, und daß der Sinn der göttlichen Gebote darin besteht, den Armen beizubringen, daß sie vor der Macht und dem Geld sich ducken müssen, nicht mehr bedingungslos angenommen werden soll. Damit werden tatsächlich die Grundlagen einer „sozialen Ordnung" angegriffen, aber nicht einer „sozialen Gerechtigkeit", denn Ungerechtigkeit kann auf die Dauer niemals Grundlage einer allen dienlichen Rechtsordnung sein. Kittelhaus ist der typische Vertreter eines dem reinen Machtstaate unterworfenen geistlichen Funktionärstums, das aus dem Christentum ein Instrument zur Unterdrückung der unwissenden Masse machen möchte. Aber die Weber haben ein Gespür für echte und unechte Gesinnung. Sie respektieren trotz aller Zeichen der Mißbilligung die verbohrte und sektiererische Frömmigkeit des alten Hilse und schützen ihn gegen den Versuch der „gewaltsamen Bekehrung" durch Jäger. Den nichts anderes als die Würde seines zu eigener Bequemlichkeit und eigenem Vorteil mißbrauchten Amtes vor sich hertragenden und mit ihm Respekt fordernden Pastor Kittelhaus werfen sie einfach in den Bach.

Noch viel beschränkter als dieser angebliche Diener Christi und seine nicht einmal an seine Einfalt heranreichende Frau aber sind die amtlichen Vertreter der Staatsgewalt. Der *Polizeiverwalter* in schneidiger Kavallerieuniform wirkt wie eine Studie zu dem nur um ein Jahr jüngeren Wehrhahn des „Biberpelz", der dank der Hartnäckigkeit der Zensur dem Publikum eher vertraut wurde als dieser säbelrasselnde Lakai der Macht. Was der Herr Dreißiger, der das Geld hat, tut, ist recht, es ist überflüssig, seine Handlungen daraufhin zu prüfen, ob sie mit dem Gesetz oder gar mit etwas wie dem Menschenrecht in Einklang sind. Dabei ist er zum Platzen aufgebläht vom Hochmut seines Amtes, barsch und anmaßend im Umgang mit dem „Volk", unterwürfig gegenüber dem Reichen. Daß ein Weber mit ihm wie mit einem Menschen reden könnte, erwartet er nicht, daß er aber gar verlangt, als Mensch behandelt zu werden, „das ist stark". Er ist auch noch ein gutes Stück dümmer als sein Gendarm *Kutsche*, der nicht allein aus seiner fraglosen Feigheit, sondern auch aus den Erfahrungen mit den Webern eine Gefahr erkennt, die der herrischen Pose seines Vorgesetzten undenkbar erscheint. Dieser schwingt seinen Säbel und droht: „Was sich entgegenstellt, wird niedergehauen." Das wird zu seinem und seines Gendarms Glück nicht wahr, sie können, wenn auch mit einer gründlichen Tracht Prügel, wieder einmal tapfer entfliehen. Sein blitzendes Heldenschwert war den Knüppeln der Weber nicht gewachsen.

Zwischen diesen Gruppen der Gegenspieler, den Webern und den Fabrikanten, stehen einige Gestalten wie der junge *Förster* und der derbe *Bauer*, denen Weber nicht viel mehr als Objekt des Spottes sind. Beide werden aus dem Bewußtstein ihrer materiellen Besserstellung gleich anmaßend. Beim Förster kommt noch der Machtinstinkt des kleinen beamteten Geistes hinzu, der sich für alle eigene Bedrückung an den noch Schwächeren schadlos hält. Für den Gastwirt *Welzel* und den Tischlermeister *Wiegand* sind die Weber insofern interessanter, als sie versuchen, nach ihren bescheidenen Möglichkeiten und dem Beispiel der Fabrikanten an ihnen auch ihr Geschäft zu machen, aus ihrer Armut für sich noch möglichst viel Gewinn zu ziehen. Zwischen allen wächst der Lumpensammler *Hornig* zu besonderer dramaturgischer Bedeutung auf. Wenn Gregor vom „chorischen Prinzip" der „Weber" spricht, so steht den agierenden Gruppen der Weber und der Fabrikanten in diesem im Grunde unbeteiligten, keiner Partei zugehörigen Lumpensammler und Hausierer, der durch diesen Beruf überall hinkommt, der kommentierende und vertiefende Chorus gegenüber. Er ist selbst ein Stiefkind des Lebens, ein Kind der Not. Bei den abergläubischen Webern steht er im Verruf, das Vieh behexen zu können. Aber er hat ein Herz für die Not der Weber, die er besser kennt als jeder andere, und er hat auch Witz und Verstand genug, überdies die den Webern fehlende Gewandtheit der Rede, um schauen und aussprechen zu können, was diese Menschen in ihrem verzweifelten Tun bewegt. Er weiß, daß der Aufstand wegen seiner Planlosigkeit auch kein Ergebnis haben kann. Und doch redet er ihnen zu: „A Leinewebern geht's noch viel elender ... Ihr dahier habt doch noch Krien zum Ufmucken." Sachlich und unbeteiligt, aber doch voll innerer Befriedigung verfolgt er den Verlauf des Aufstandes, ihm sind im fünften Akt die Berichte darüber zugeschrieben. Er spricht auch das Wort aus, das die Angel des ganzen Aufstandes ist, um das sich alles dreht. Als der Gastwirt Welzel meint: „Daß die alten Krepper a vollens a Verstand verlieren?!", da hat Hornig die Antwort bereit: „A jeder Mensch hat halt 'ne Sehnsucht."

Aufstand des Elends

In einem Interview, das Gerhart Hauptmann bei seinem ersten Besuch in Amerika, 1894, dem Reporter der „New York World", Charles Henry Meltzer, gab, erklärte er: „In der Jugendzeit haben wir noch Illusionen. In meinen früheren Werken war ich vielleicht vom Eifer eines Reformators besessen ... Auch will ich nicht leugnen, daß ich gehofft habe, die Wohlhabenderen, die meine ‚Weber' sehen würden, möchten durch das in diesem sich widerspiegelnde entsetzliche Elend gerührt werden. Ich bin mit diesem Elend in Berührung gekommen, und es hat mich aufs tiefste erschüttert. Aber ich wiederhole, nur die sorgfältigste und angestrengteste Prüfung kann die vielfältigen Motive erklären, die das Werk eines Künstlers bedingen. So tief ich auch z. B. durch die Leiden der Weber erregt war, als ich den Plan zu meinem Stück faßte: wie ich einmal an die Arbeit gegangen war, sah ich nur noch den wunderbaren Stoff, den sie mir zur Schaffung eines großen erschütternden menschlichen Dramas darboten. In der Freude am Aufbau meiner Szenen vergaß ich alles übrige. Jedoch auf indirekte Weise werden ‚Die Weber' wohl eine Lehre erteilen. Für den Dramatiker ist es aber von geringerer Bedeutung, was sein Stück lehrt." (Zitiert nach W. Heuser, S. 43.)

Als Meltzer in diesem Gespräch bemerkte, daß er als wesentliche Note des Werkes Hauptmanns das „Mitleid“ ansehe, erklärte der Dichter, er ziehe das Wort „Mitgefühl“ vor. In einem früheren Interview mit einem Reporter der „New Yorker Volkszeitung“ hatte Hauptmann gesagt, der Dichter müsse den Theoretiker in speziellen Dingen völlig abstreifen, müsse als Mensch ohne vorgefaßte Ansichten irgendwelcher Art ins Leben schauen und das Geschehene dichterisch so wiedergeben, wie es sich seinem theoretisch gänzlich vorurteilsfreien, persönlichen, geistigen Auge geboten habe. So habe er es als Dichter bisher gehalten, und er werde davon auch künftig nicht abgehen. Und so wie er seine Werke vorurteilsfrei glaubte geschaffen zu haben, sei es auch selbstverständlich, daß er mit ihnen eine bestimmte Tendenzwirkung nicht beabsichtige. Sein einziges Bestreben sei, künstlerisch zu wirken, d. h. durch lebensvolle Wahrheitsdichtung das Gemüt zu bewegen und den Geist anzuregen. Allerdings pflichte er den sozialistischen Kritikern bei, welche meinen, jede wirklich objektive Wahrheitsdichtung werde ungewollt im Sinne der rechten Tendenz wirken (Heuser, S. 39/40).

Nun hat Hauptmann bei diesem Interview sicher die Gelegenheit benutzt, seine Dramen als Kunstwerke zu verteidigen und deshalb so entschieden die künstlerische Schaffensweise in den Vordergrund gerückt. Aber das entwertet nicht seine eigenen Worte über die mögliche tendenziöse Absicht. Sie bestätigen, was einer der ersten Kritiker schrieb: „Dieses Drama hat keine Tendenz, nicht einmal die der Menschlichkeit. Es wird nicht gepredigt, kein Rufer oder Prophet spricht zu uns, will uns zu etwas überzeugen. Menschlichkeit wird nicht doziert, Menschlichkeit ist. Aus all und jedem leuchtet sie hervor, jeden Augenblick mit ihrer Wärme erfüllend, doch niemals wird sie ausgesprochen. Und darum ist es erst richtig verkehrt und geht an dem Sinn dieses Werkes völlig vorüber, in ihm eine politische Tendenz zu erblicken.“ Der Kritiker hatte zweifellos die Absicht, das Werk gegen die politischen Verdächtigungen der Zensur zu verteidigen. Aber es war schon damals, als die Politik noch längst nicht zum entscheidenden Element allen Lebens gemacht worden

war, nicht leicht, die Politik aus der Literatur fernzuhalten. Man deutete das Werk selbstverständlich politisch und sah allen Grund, seine Aufführung zu verbieten. Joseph Gregor berichtet aus Hadamowskys Erinnerungen, daß noch 1901, als die Frage der Aufführung der „Weber" in Wien zur Diskussion stand, dagegen ins Feld geführt wurde, es sei durchaus möglich, daß eine Wandertruppe mit dem Stück ins Waldviertel komme, wo „heute noch unter der dort ansässigen Weberbevölkerung Not und Armut zu Hause sind" (S. 33). Jede folgende Zeit hat dann das Stück nach ihren eigenen politischen Maßstäben gemessen und gedeutet, und genauso ging auch jede politische Partei im einzelnen vor. Demgegenüber kann man nur immer daran festhalten, daß Hauptmann auch in seiner Jugend grundsätzlich parteilos war, jenseits der Parteien auf der Höhe der Kunst stand.
Er wollte keine Revolution lehren, sondern eine menschliche Situation aufdecken, die das menschliche Gewissen aufregen, zum „Mitgefühl" bewegen mußte. So ist die Triebkraft allen Geschehens nicht eine bestimmte Gesetzmäßigkeit in der wirtschaftlichen oder technischen Entwicklung, die zweifellos auch ein Problem jener Zeit war. Es ist deshalb bezeichnend, daß die Frage der Maschine, die schon Goethe in „Wilhelm Meisters Wanderjahre" bewegt hatte, nur am Rande erwähnt wird, als Bäcker gegen Ende des vierten Aktes sagt: „Von hier aus geh mer nach Bielau nieder, zu Dittrichen, der de mechan'schen Webstihle hat. Das ganze Elend kommt von a Fabriken." Das Problem der „Maschinenstürmer" wurde erst 1922 mit Ernst Tollers (1893 bis 1939) unter ganz anderen Vorzeichen, als Zeugnis kommunistischer Weltanschauung geschriebenem Drama aktuell für das deutsche Theater.

Der Stoff der „Weber" ist sicherlich auch ungeeignet als Beispiel einer Revolution. Der Aufstand der schlesischen Weber ereignete sich spontan, er war nichts weniger als ein geplanter und bewußter Versuch des gewaltsamen Umsturzes eines politischen oder wirtschaftlichen Systems. Gottlieb, der Sohn des alten Hilse, spricht das Ziel aus, das den Aufrührern vorschwebte: „Unser Halbfindl Fleesch zum Sonntag . . . und an allen heiligen

Tagen amal an Bluttwurscht und Kraut.“ Es ist der Aufbruch der in ihrer Existenz bedrohten Masse, die Verzweiflungstat derjenigen, die ihren allernotwendigsten Lebensunterhalt nicht mehr finden, die bei harter Arbeit langsam zu Tode gequält werden, gegen die ungleiche Auswirkung der zweifellos ungünstig einwirkenden wirtschaftlichen und politischen Verhältnisse auf beiden beteiligten Seiten, gegen das immer anwachsende Elend der Weber und den ständig anschwellenden und sich protzig, herrisch und herausfordernd gebärdenden Luxus der Fabrikanten. Die tiefere, aber den Webern kaum bewußte Ursache ist das absolute Fehlen jeglichen sozialen Rechtes und jeglicher sozialer Verantwortung für die Arbeiter, die den Fabrikanten nur manipulierbarer Faktor der Produktion waren. Es ist das menschliche Versagen vor neuen Verhältnissen, das diese erst duldenden und sich nur langsam aus der Gemeinsamkeit des Elends zusammenrottenden Massen anwachsen und handeln läßt. Es gibt keine politischen oder wirtschaftlichen Parolen, nur das aus der Existenzangst erwachsene Bewußtsein: „Das muß anderscher wern, jetzt uf der Stelle. Mir leiden's nimmer, mag kommen, was will.“ Dazu kommt aber auch der Wille zur Rache, ein ganz alttestamentliches Gefühl. „Ihr Schurken all, ihr Satansbrut“ sind die Fabrikanten den Webern geworden. Es liegt etwas wie Untergangsstimmung über dem Stück. Der dritte Weber, der nach dem ersten Glas Schnaps schon das Prophezeien kriegt, den andere Weber als Schwätzer zum Schweigen bringen wollen und der erst auf Bäckers Einmischung hin zu Ende reden darf, spricht es in dem den Webern geläufigen religiösen Bilde aus: „Doch na! Sie glauben an keinen Gott noch weder Hell noch Himmel, Religion ist nur ihr Spott. Daher die Helle die Seele weit aufgesperrt und den Rachen aufgetan, ohne alle Maße, daß hinunterfahren alle die, so die Sache der Armen beugen und Gewalt üben im Recht der Elenden, spricht der Herr.“ Nicht die „Humanitätsduseler“, wie Dreißiger meint, mußten die Weber aufhetzen. Der völlig verständnisvolle Fabrikant sieht zunächst die Entwicklung gar nicht so ungern, weil er, wie er pfiffig andeutet, im geheimen hofft, daß die Regierung dadurch auf die Lage aufmerksam und zu Hilfsmaßnahmen angeregt werden könnte, die auch ihm bessere Geschäfte bringen müßten. Auf die Idee, daß der Aufruhr gar nicht der Geschäftslage, sondern den „höllischen Kujonen", ihm und den anderen Fabrikanten, gelten könnte, kommt er selbst im Augenblick höchster Gefahr nicht.

Strenggenommen handelt es sich überhaupt nicht um eine Revolution, denn der Weberaufstand hat weder ein politisches noch soziales oder strenggenommen konkret faßbares wirtschaftliches Ziel. Für ein „Halbfindl Fleesch" am Sonntag riskiert niemand Leben und Freiheit. Es ist ein Auflehnen der getretenen und ins Elend gedrängten Menschheit gegen die Unterdrücker und ihre unmenschliche Härte. Es ist immer noch besser, im Zuchthause und in Ketten zu leben, wenn man dabei nicht zu verhungern braucht, als in dieser Freiheit. Es sind noch keine standesbewußten Proletarier, es sind arme Teufel, die Abrechnung halten wollen, egal, was danach kommt. Aber es wird, wenn auch ganz im Hintergrund, einmal das Bewußtsein sichtbar, daß die neue Wirtschaftsordnung auch eine neue soziale Ordnung fordert. Der alte Ansorge drückt es in seiner einfachen und schwerfälligen Sprache aus: „In alten Zeiten, da war das ganz a ander Ding. Da ließen de Fabrikanten a Weber mitleben. Heute, da bringen se alles alleene durch. Das kommt aber daher, sprech ich: d'r hohe Stand gloobt nimehr a keen Herrgott und keen Teiwel ooch nich. Da wissen se nischt von Geboten und Strafen. Da stehl'n se uns halt a letzten Bissen Brot und untergraben uns das bißl Nahrung, wo se kenn'n." Das heißt nichts anderes, als daß die alte Ordnung zerstört und die nun herrschend gewordene Willkür nur durch eine neue Ordnung behoben werden kann. Daß eine solche Ordnung aber von den Notleidenden erzwungen werden kann, wenn sie zusammenstehen, spricht Jäger auf seine primitive Weise aus: „Wenn mir und m'r kennten's ufbringen, daß m'r zusammenhielten, da kennt m'r a Fabrikanten amol an solchen Krach machen . . . Da brucht m'r keen'n Keenich und keene Regierung, da kennten m'r eenfach sagen: m'r woll'n das und das und aso und aso ni, und da werd's bald aus een'n ganz anderen Loch feifen dahier. Wenn die ock sehen, daß ma Krien hat, da ziehn se bald Leine.“ So illusorisch und primitiv diese Vorstellung auch ist, hier klingt zum erstenmal die Überzeugung an, daß die durch das Schicksal Geeinten durch Zusammenstehen eine Macht bilden können, die berechtigte Wünsche sehr wohl auch gegen den Willen der Mächtigen durchzusetzen vermag.

Hauptmann streift hier das Problem, das erst im 20. Jahrhundert seine volle Fragwürdigkeit, aber auch seine Auswirkungsmöglichkeiten bewies. Dieses Thema der sozialen Revolution ist jedoch ebensowenig das Thema seines Stückes wie das des Maschinensturmes. Ihm geht es um das Menschliche, um das „Drinnen“, wie Hering es nennt, in das von „draußen“ eingegriffen wird (S. 48). Weil es ihm nur um den Menschen, um sein Verhalten in schwierigen, modern ausgedrückt in „Grenzsituationen“ geht, bricht er seine Tragödie gerade an dem Punkte ab, an dem historisch gesehen die eigentliche Tragödie der Weber beginnt, am Beginn der gewaltsamen und blutigen Unterdrückung des Aufstandes durch die Staatsgewalt, durch zum Gehorchen erzogenes Militär. Viele unschuldige Opfer erforderte dieser politisch sicher sinnlose Aufstand. Eines von ihnen wird mitten aus dem ersten Zusammenstoß der Weber mit den entpersönlichten, auf Befehl auch seelenruhig den eigenen Bruder abknallenden Soldaten am alten Hilse und den Seinen vorbeigetragen. Stimmen berichten: „'s is d'r Ulrich Weber; 's wird woll Feierabend sein mit'n, a hat a Prellkugel ins Ohr gekriegt.“ Auch hier traf also die Kugel nicht einen Angreifer, sie erforderte als Preller das Leben eines Neugierigen, aber im Grunde Unbeteiligten. Als wirkliches Opfer aber führt der Dichter den einzigen bewußt und aus religiöser Überzeugung – vielleicht auch aus Vorurteil – abseits Stehenden ein, den alten Hilse. Schon der alte Fontane meinte nach einem Besuch der „Weber“ kritisch: „Der fünfte Akt ist nur ein Notbehelf. Daß dadurch etwas entstand, was revolutionär und antirevolutionär zugleich ist, müssen wir hinnehmen ...“ (Albrecht, S. 77). Aber Fontane folgt damit dem Vorurteil seiner Zeit, daß die „Weber“ ein politisches Stück oder zum mindesten ein Stück mit politisch revolutionärer Tendenz seien. Das gerade hat Hauptmann nicht gewollt. Die verbohrte Frömmigkeit, das bigotte Gottvertrauen können den alten Mann nicht schützen. Und wenn er von seinem Webstuhl behauptet: „Hier hat mich mei himmlischer Vater hergesetzt", so verkennt er vollkommen, daß es in einem einmal zum Schlachtfeld gewordenen Terrain keine Oase des Friedens mehr gibt, daß hier nur noch der Wille zur Selbstverteidigung helfen kann, daß man Gewalt nur mit Gewalt begegnen muß, wenn man nicht in ihr untergehen will. Auch Hilse durfte und konnte sich dem Kampf nicht entziehen. Die Gewalt trifft nicht nur den Schuldigen oder den, der ihr zu widerstehen versucht, sie schlägt wahllos zu, und gerade derjenige, der ihr ausweichen möchte, ist gefährdet, weil er nicht wachsam ist wie der, der kämpft. Nur wer sich wehrt, kann auf die Dauer auch überleben. Das ist ein menschliches Gesetz, mit der Vorführung dieses Gesetzes, daß niemand sich in der Stunde der Not und der Gefahr einfach abseits halten kann, beendet Hauptmann sein Drama. Das ist kein fatalistischer, sondern ein höchst realistischer Schluß.

Der Aufstand von 1844 ist ein Stück Geschichte, das unter den Revolutionen des 19. und 20. Jahrhunderts eine nur sehr untergeordnete Rolle spielt. Er liegt am Rande des großen Geschehens, er wäre sicher nur noch dem Historiker bekannt, wenn nicht Hauptmann mit ihm die Frage der Menschlichkeit verbunden hätte. Die menschlichen Probleme, die der Dichter mit der Gestaltung dieses Aufstandes aufreißt, werden immer wieder die Anteilnahme der Zuschauer und Leser wecken. Hauptmanns „Mitleid" oder „Mitgefühl" ist Humanismus, dieser Hauptmannsche Humanismus, der trotz aller Verschiedenheit von Form und sozialer Idee an Goethe anknüpft, macht das Drama zum klassischen Werk.

Das naturalistische Werk

Die „deutsche Wirklichkeit" wollte Hauptmann in seinen Dramen gestalten. Das Drama sollte dichterisch geformt und konzentriert die Wirklichkeit des Lebens wiedergeben. Aber über den poetischen Realismus führt er hinaus, weil er auch das Häßliche, Abstoßende, Trieb- und Krankhafte mit in die neue Wirklichkeit des Bühnengeschehens nimmt, die Forderungen des Naturalismus grundsätzlich anerkennt. Die Tragödie zeigte sich ihm nicht nur auf den Höhen der Menschheit, bei Fürsten und Helden, bei einsamen großen Geistern und in der Auflehnung gegen ewige göttliche und ethische Normen. Auch der Alltag des einfachen Menschen offenbart die Tragik, auch sein Leben ist von ihr umwittert, auch er ist in seinem Wünschen, Wollen und Streben ihrer Gefahr ständig ausgesetzt. In den viel jüngeren „Ratten" (1910) wird diese Auffassung dahingehend ausgedrückt, daß auch eine „Reinemachefrau aus der Mulackstraße" die Frau des Maurers John mit ihrer unselig übersteigerten Gier nach einem Kinde, zum Gegenstand der Tragödie werden könne. Dazu kommt im naturalistischen Drama aber auch die Wendung gegen die Erstarrung des längst fragwürdig gewordenen Bürgertums und seines museal gehüteten Kulturbesitzes, der „satte Bürger" soll herausgefordert werden. Es war die allgemeine Auffassung der Literaturwissenschaft, daß mit Hauptmanns „Die Weber" der Gipfel des naturalistischen Dramas überhaupt erreicht sei.

Sicher ist der naturalistische Stil in diesem Werk am reinsten ausgebildet. Erschütternd lebenswahre Bilder, deren geschichtliche Vorbilder oft bekannt sind, gehen am Zuschauer vorüber. Die Menschen sprechen und handeln wie im Leben, wie es Hauptmann seit seiner Jugend kannte und vor diesem Werk auf Reisen in die Gebiete des Geschehens noch gründlich studierte. Nichts Erdachtes oder Gemachtes wird auf die Bühne gestellt, sondern die Wirklichkeit selbst, die Menschen mit allen ihren Widersprüchen, Trieben und Hemmnissen. Wedekinds Spott, Hauptmann gehe mit dem Notizbuch durch die Welt, um sich nur keine mögliche Szene entgehen zu lassen, verkehrt sich gerade in diesem Werk in ein Lob für unbedingte Genauigkeit. Was einst dem Publikum gräßlich erschien, die unvorstellbare Not und ihre Häßlichkeit, ist streng dem Leben nachgebildet, echt und wahr, deshalb für uns, die wir die Entwicklung des Dramas seit Hauptmann überschauen, auch keineswegs mehr abstoßend. Mit Recht hat man bei der Charakteristik einzelner Personen an Darstellungen der bildenden Kunst jener Jahre gedacht, und so etwa die alte Frau Baumert als Bild, das von Käthe Kollwitz stammen könnte, erkannt: „Der alten Frau leuchtet der warme Hauch voll über Gesicht, Hals und Brust, ein Gesicht, abgemagert zum Skelett, mit Falten und Runzeln in einer blutlosen Haut, mit versunkenen Augen, die durch Wollstaub, Rauch und Arbeit bei Licht entzündlich gerötet und wäßrig sind, einen langen Kropfhals mit Falten und Sehnen, eine eingefallene, mit verschossenen Tüchern und Lappen verpackte Brust."

Schon diese Bühnenvorschrift zeigt aber auch, daß Hauptmann nach Gewohnheit der Naturalisten an Schauspieler und Regisseure Anforderungen stellt, die auf der Bühne niemals verwirklicht werden können. Man braucht nur an das im dritten Akt geforderte und in der Literaturgeschichte oftmals gegen den Dichter herangezogene deutsche Beefsteak zu denken, an dem der Berliner Reisende kaut. Das läßt sich niemals selbst bei kleinen Bühnenverhältnissen genau darstellen, und ebensowenig kann ein Schauspieler auf das Stichwort hin blaß werden. Es ist auch niemand damit gedient, daß jemand auf der Bühne seinen Text so haucht, wie es dem aus der Ohnmacht erwachenden Knaben im ersten Akt vorgeschrieben ist, daß ihn vorgeblich oder tatsächlich der neben ihm stehende Schauspieler nicht versteht. Das Publikum würde überhaupt nicht merken, daß etwas vor sich gegangen ist. Die Reihe solcher übergenauer Bühnenanweisungen ließe sich noch lange fortsetzen, aber damit wäre zum Verständnis des Dramas nichts gesagt. Der Dichter selbst erklärte auf solche Einwände hin, daß die Bühne sowieso ihre Abstriche mache, daß seine Dramen aber auch gelesen würden, und daß der Leser ebenso wie der Regisseur oder Schauspieler aus solchen praktisch unerfüllbaren Anweisungen doch sehr viel über die einzelnen Gestalten und ihre zu erwartenden Verhaltungsweisen entnehmen könne. Wenn etwa von Wiegend gesagt wird: „Er ist ein Mann, dem man anmerkt: er weiß, worauf es in der Welt ankommt, wenn man ein Ziel erreichen will, nämlich auf Pfiffigkeit, Schnelligkeit und rücksichtsloses Fortschreiten", so ist klar, daß kein Schauspieler das alles beim ersten Auftritt bereits zeigen könnte, aber der Leser hat eine deutliche Erwartung vom künftigen Verhalten dieses Mannes, und der Schauspieler kann seine Auffassung der Rolle danach ausrichten.

Es sind äußerlich also alle Forderungen des Naturalismus erfüllt. Das Stück spielt im Milieu der armen Leute, die Sprache ist lebensecht, das Verhalten der verschiedenen Gestalten ist auch nach der Geschichte wahr. Alles ist Spiegel der Wirklichkeit, und wo das nicht von vornherein feststeht, helfen die in Einzelheiten gehenden Bühnenanweisungen nach, diese Wirklichkeit, soweit überhaupt möglich, zu garantieren. Damit wäre also der Gipfel des naturalistischen Dramas erreicht, ein Stück Leben rollt vor dem Zuschauer auf der Bühne ab.

Aber Hauptmann hat nie einer literarischen Schule angehört und sich auf deren Programm festlegen lassen. So ist auch dieses Werk nichts weniger als fotografischer Abklatsch der Wirklichkeit, sondern Dichtung. Darin liegt seine bleibende Größe über nun mehr als 90 Jahre, seine immer erneute Wirkung. Nicht die historische Treue, sondern das Erleben des Dichters, sein „Mitgefühl" mit der leidenden und getretenen Menschheit erhöhen das Drama zum Zeugnis seiner Menschlichkeit. Damit rückt das Werk aber aus der Linie des konsequenten Naturalismus heraus. Zu dessen Gesetzlichkeit gehört, daß jede menschliche Beziehung, jede Handlung, jede Reaktion der Gestalten sich ausschließlich aus den wissenschaftlich erkannten biologischen, psychologischen und soziologischen Regeln begründen lassen. Aber gerade diese Erkennbarkeit und Durchschaubarkeit der erfahrenen Wirklichkeit macht Hauptmann nicht mit. Er hat keine Beziehung zum Materialismus und zur materialistischen Geschichtsauffassung. Gregor schreibt dazu: „Hauptmanns Realismus liegt auf der Linie Goethes – er ist nichts weiter als Humanismus" (S. 42). Dieser Humanismus oder Realismus liegt jenseits der Tagespolitik, er richtet sich auf das Menschliche im klassischen Sinne, er hat Ansatzpunkte, die auch in Dramen des

„Sturmes und Dranges" bei Georg Büchner und Grabbe und manchmal auch bei Hebbel schon vorhanden sind, aber hier erstmalig rein ausgebildet und beherrschend werden. Seine bewegende Kraft ist die Liebe, die ihre Wurzeln zweifellos im christlichen Grundgebot der Nächstenliebe hat. Auch wenn Hauptmann auf jener Stufe seines Schaffens die bestehenden kirchlichen Formen des Christentums nicht annahm, ja, ihnen Lebens- und Weltfeindlichkeit und mangelndes Verstehen der menschlichen Notwendigkeiten, genau genommen Mangel an Liebe, vorwarf, so war er doch zutiefst durchdrungen von der Überzeugung, daß vom christlichen Liebesgebot alle heilende Kraft auszugehen vermag.

Weil es Hauptmann um die Wirklichkeit ging, vermochte er auch seinem Werk keinen anderen Ausgang zu geben. Die anfängliche Kritik hat oft beanstandet, daß dem Stück alles Versöhnende, Ausgleichende fehle. Aber es geht hier um die Tragödie der sozialen Ungerechtigkeit, um den Aufstand der unerträglich gewordenen menschlichen Not, nicht nur der materiellen, sondern auch der seelischen, das verzweifelte Elend der Ausweglosigkeit. „D'r Mensch muß doch a eenziges Mal an Augenblick Luft kriegen", sagt der alte Baumert, und ein junger Weber drückt es so aus: „Mir woll'n leben und weiter nischt. Und deshalb haben m'r a Strick durchgeschnitten, an dem m'r hingen." Ergreifend gibt Luise das gleiche Gefühl aus der Tiefe eines gepeinigten, um ihre im Elend untergegangenen Kinder trauernden und die kommenden bangenden Mutterherzens wieder. Es ist die „Sehnsucht", die halt jeder Mensch hat, von der Hornig spricht, die bewegender Grund allen Geschehens wird. Das ist kein mit dem Verstande faßbares Motiv, es läßt sich mit der wissenschaftlich erfahrbaren Welt und ihren Gesetzen nicht erklären, es bricht aus den Gründen des gequälten und sorgenden Herzens, in das Hauptmann mit der Kraft der Liebe schaute. In einem Gedicht der 80er Jahre hatte er den Beruf des Dichters, wie er ihn sah, folgendermaßen umrissen:

„. . . o beuge dich nieder
Zum Herzen der Armen, mitleidig und mild,
Und was es dir zitternd und weinend enthüllt,
Ersteh' es in Tönen dir wieder."

Nicht um eine politische Tendenz geht es ihm, er ist weder Kritiker an den bestehenden sozialen Verhältnissen, wenn er auch auf die indirekte Wirkung bei seinem Publikum hofft, er ist erst recht kein politischer Revolutionär, es geht ihm ausschließlich um die mit der Kraft der Liebe geschaute Not des menschlichen Herzens. In diesem Sinne aber ist, wenn die strenge Theorie angesetzt wird, mit den „Webern" der Naturalismus, so genau er in allen Einzelheiten erfüllt wird, doch bereits überwunden.

Das Weberlied

Das Weberlied zieht sich durch das ganze Stück und begleitet als revolutionärer Grundton alles Geschehen. Als das „niederträchtige Lied", das den Haß der Fabrikanten hervorruft, bezeichnet es Dreißiger im ersten Akt, wo der Weber Bäcker es „'s Bluttgericht" und „a schee Lied" nennt. Mit Recht fürchtet Dreißiger, wie die Folge ausweist, die Wirkung dieses Liedes, er droht mit der Polizei und erreicht auch tatsächlich ein polizeiliches Verbot, das aber bei der hohen Erregung, die sich der Weber bemächtigt hat, ergebnislos bleibt. Im zweiten Akt aber wird deutlich, wie dieses Lied auf die einfachen, im Glauben an eine soziale Gerechtigkeit und Ordnung, in der die Gegensätze von arm und reich naturgegeben sind, erzogenen Gemüter der Weber wirkt. „Ich bin gewiß immer diejenige gewest, die gesagt hat, die reichen Leute müssen ooch sein. Aber wenn's aso kommt!" sagte Mutter Baumert und umreißt damit die Ungewißheit, die sich bei den Webersleuten eingestellt hat. Als Moritz Jäger nun dem alten Baumert und Ansorge das Lied mühsam vom Zettel vorbuchstabiert, ist die Wirkung ebenso erschütternd wie mitreißend, weil sie unbewußt lange vorbereitet ist. Mahnung an erlittene Ungerechtigkeit und der Wille, nicht mehr länger das Unrecht dulden zu wollen, werden eins.

Wenn man die Maßstäbe weit genug faßt, ist es ein echtes Volkslied. Niemand weiß, wer es verfaßt hat, es scheint oder ist vielleicht sogar unmittelbar aus der seelischen Lage der notleidenden Weber entstanden. Es gibt den einfachen, aber quälenden Erfahrungen starken Ausdruck, rüttelt gleichzeitig aber auch das soziale Selbstbewußtsein und den Lebenswillen der Gepeinigten wach. Es wird darüber hinaus zum Gericht, zum „Bluttgericht" über die Urheber aller Not. Es spricht weiter aber auch die traditionelle Frömmigkeit der Weber, das alttestamentlich orientierte Bewußtsein vom rächenden Gott, an, was vielfach in der Literatur über Hauptmann ganz unbeachtet bleibt. Die Reichen werden zur „Satansbrut", zu „höllischen Kujonen", denen auch nur der Fluch zum Lohne werden kann. Gerade die „Weber" zeigen ja auch die starke religiöse Gebundenheit der armen Weberbevölkerung, die erst dann, wenn es auch nicht ausdrücklich gesagt wird, zum Aufstand bewogen werden kann, wenn sie darin auch den Willen des gerechten Gottes erkennt, der nicht ungestraft duldet, daß der eine die anderen auf Grund materieller Vorteile quält, wenn sie sich als Werkzeug des rächenden Gottes fühlt. Aber ob nun religiös begründet oder nicht, das Weberlied spricht vor allem immer wieder von der durch die Fabrikanten, die Dreißiger, verursachten Not der Weber, von deren brutaler und herzloser Ausbeutung. Wut, Haß, Verzweiflung und Schmerz finden wir als Reaktion auf dieses Lied, aber immer auch das Bewußtsein, das der alte Ansorge ausspricht: „Das muß anderscher wern, . . . jetzt uf der Stelle. Mir leiden's nimehr." Mit Recht hat man darauf hingewiesen, daß in diesem Liede nicht Herd und Hof, nicht Heimat und Vaterland, nicht Arbeiter und Tyrannen, sondern nur Notleidende und Ausbeuter genannt sind. Die graue Masse der leidenden Weber findet sich in ihm zur handelnden Gemeinschaft gegen die ausbeutenden Fabrikanten, Not gegen Herzlosigkeit. Die Weber werden darüber nicht oder wenigstens noch nicht ganz zu klassenbewußten und entsprechend auftretenden Proletariern. Ausdrücklich wird sogar gesagt, daß auch Erbarmen noch eine annehmbare Lösung gewesen wäre, die nur von den Fabrikanten nie erwogen wurde:

,,Erbarmen, ha! ein schön Gefühl,
euch Kannibalen fremde".

Aber eben weil die Fabrikanten in den Augen der Weber zu ,,Kannibalen" jenseits aller Menschlichkeit geworden sind, leben nun Haß und Rache auf.

So wird das Lied zum das ganze Drama hindurchgeführten Sturmlied der Weber, zur ,,Marseillaise" ihres Aufstandes. Es bedarf dazu nicht eines einzigen Aufrufes, keines Appells an die Weber, nur der Darlegung der Wirklichkeit. Mit diesem Lied aber gewinnt das Drama eine melodramatische Leitlinie, ein dramaturgisches Rückgrat, das entscheidend zur Einheit des Ganzen mit seinen vielen und vielerlei Gestalten beiträgt. Es erklingt immer wieder, wo die Weber als aufständische Masse auftreten, beunruhigend für die Feinde und anfeuernd und mitreißend für die Teilnehmer am Aufstand. Diese anfeuernde und mitreißende Kraft aber gewinnt das Lied nicht durch rhetorischen Schwung, durch zündende Parolen oder zwingenden Rhythmus, sondern nur durch die Wahrheit. Das Verbot durch die Polizei erst gibt ihm seine volle Wirkung. Es wird Ausdruck der ,,Sehnsucht", die alles Geschehen im tiefsten Grunde bewegt. ,,Da trottelt einer hinterm andern her wie's graue Elend und verfiehren ein Gesinge, daß een richtig zu wirgen anfängt", so charakterisiert der muntere Chirurgus Schmidt, der die Weber auf dem Wege nach Langenbielau in seinem Wagen überholte, die Wirkung ihres Gesanges auf sich selbst, der sich ,,glei d'rhinterher 'n Bittern koofen" mußte. Aber er hat auch als grundsätzlich Unbeteiligter verstanden, daß hier eine Bewegung im Gange ist, die von der Wahrheit des einfachen Liedes gestützt wird, und die niemand mehr aufhalten kann.

Gleichzeitig aber steigert dieses Lied auch die Erfahrung, daß dieser Aufstand nicht von Rädelsführern in Gang gebracht worden ist, kein systematischer und geplanter Umsturzversuch ist, sondern nur eine Auflehnung der bittersten und unerträglich gewordenen Not, die sich Luft machen muß, wenn die Menschen nicht an ihr ersticken sollen. Die Regieanweisung erfordert im fünften Akt, als dieses Sturmlied der Weber vielhundertstimmig in nächster Nähe gesungen wird, daß es klingen muß ,,wie ein dumpfes, monotones Wehklagen". Es endet aber folgerichtig in dem ,,Hurra", mit dem die waffenlosen Weber den bewaffneten Soldaten entgegenstürmen und sie aus dem Städtchen vertreiben. Freilich beendet in der gleichen Sekunde, in der sie ihren Scheinerfolg erringen, der alte Hilse, der nicht mitmachen wollte, der seine Leidensrolle als unumstößlichen Willen des himmlischen Vaters nahm, sein Leben unter einer verirrten Kugel. Auch für ihn gab es kein Ausweichen vor dem, was das Weberlied als unabdingbare Forderung in dieser Situation besang, den Zwang zur Solidarität, wie ihn Jäger den sturen und dem Fabrikanten allzu hündisch willfährigen Färbern vorhielt: ,,O ihr älenden Kerle! Arbeiter wollt'r sein. Kam'raden wollt'r sein? Eh ich das machte – eh ich mich vergreifen tät a mein'n Genossen, da tät ich denken, die Hand mißt m'r verfaulen dahier!" Hier ist die Ahnung von der Macht, die aus der Solidarität der Arbeiter – wohl kaum schon als Stand, aber als Menschen gleichen Schicksals – erwachsen könnte, deutlich ausgesprochen, und das Weberlied verkündet, wenn auch nur als Anklage gegen die Ausbeuter, das gleiche. Es ist sicher auch kein Zufall und bei Hauptmanns subtiler Sprachgestaltung beabsichtigt, daß Jäger hier bereits Ausdrücke gebraucht, die in den vierziger Jahren wohl kaum gebraucht wurden, so wenn er die Färber als ,,Genossen" bezeichnet.

A jeder Mensch hat halt 'ne Sehnsucht"

Bei Hering lesen wir: ,,Gerhart Hauptmann, der Dichter der Sehnsucht. Verwehte jede Hauptmann-Deutung in den Schicksalsstürmen möglicher Katastrophen von der Art und Gewalt jener, die auch diesen Lebensstarken fällte und heimatlos machte: er bliebe noch zu erkennen in zwei Sätzen aus seinem Anfang. Sätzen, von denen der zweite nicht nur Sehnsuchtsworte, sondern auch eine erschütternde Sehnsuchtsgebärde, ein unvergeßliches Sinnbild birgt. Der erste Satz aus den ,,Webern", wir vernahmen ihn längst, ist Vater Hilses Stimme: ,,A jeder Mensch hat halt a Sehnsucht!" Der zweite – und mit ihm jene sinnbildliche Gebärde im „Roten Hahn". Die alte Wolffen, sterbend, tastet mit beiden Händen über sich und stammelt: „Ma langt ... ma langt nach was ..." Nun spricht in den „Webern" allerdings nicht der alte Hilse dieses Wort, sondern der Lumpensammler Hornig, der äußerlich unbeteiligt, aber innerlich leidenschaftlich ergriffen das Aufbegehren der notleidenden Weber verfolgt. Auch der alte Hilse spricht von seiner Sehnsucht: „Fer was hätt ich denn hier gesessen – und Schemel getreten uf Mord vierzig und mehr Jahr? Und hätte ruhig zugesehn, wie der dort drieben in Hoffahrt und Schwelgerei lebt und Gold macht aus meinem Hunger und Kummer. Fer was denn? Weil ich 'ne Hoffnung hab. Ich hab was in aller der Not: (durch das Fenster weisend) Du hast hier deine Parte, ich drieben in jener Welt: das hab ich gedacht. Und ich laß mich vierteeln – ich hab 'ne Gewißheet. Es ist uns verheißen, Gericht wird gehalten: aber nicht mir sein Richter, sondern mein ist die Rache, spricht der Herr, unser Gott." Schließlich spricht auch der alte Baumert von seiner Sehnsucht: „Sieh ock, d'r Mensch muß doch a eenziges Mal an Augenblick Luft kriegen."

Die Worte, die Franz Grillparzer am Grabe Beethovens sprach, könnten auch als Leitwort für das Schaffen Gerhart Hauptmanns gelten: „Darum sind von jeher Dichter gewesen und Helden, Sänger und Gotterleuchtete, daß an ihnen die armen, zerrütteten Menschen sich aufrichten, ihres Ursprunges gedenken und ihres Zieles." Paul Fechter schrieb in seiner frühen Hauptmann-Biographie, daß „der Sinn des 19. Jahrhunderts nach zwei Richtungen deutbar sei: Abstieg vom Geist, Aufstieg zur Natur". Hauptmanns Dichtung aber sucht die Synthese, die Einheit zwischen beiden. In dem Gedichtband „Das bunte Buch", 1885, stehen die Verse:

„Wie eine Windesharfe
sei deine Seele,
Dichter!
Der leiseste Hauch
bewege sie.

Und ewig müssen
die Saiten schwingen
im Atem des Weltwehs;
denn das Weltweh
ist die Wurzel
der Himmelssehnsucht.
Also steht deiner Lieder
Wurzel begründet
im Weh der Erde;
Doch ihren Scheitel krönt
Himmelslicht."

Weltweh und Himmelssehnsucht in den „Webern" ganz unter religiösen Gesichtspunkten vom alten Hilse angerufen, der hinter allem Leid dieser Welt, in der ihm weder Gott noch König und Vaterland seine Opfer, seine Hingabe sichtbar lohnten, auf seine „Parte drieben in jener Welt" vertraut. Seine Sehnsucht hat sich aus dieser Welt hinausgeflüchtet in die religiöse Verheißung, sie hat ihre Wurzel im Weltweh und sieht sich doch vom Himmelslicht gekrönt. Aber Hornig, der am Ende des dritten Aktes, an bedeutsamer Stelle im Gesamtplan des Stückes das Wort von der Sehnsucht, die a jeder hat, spricht, kommentiert, als er vom Fenster aus die Vorgänge draußen beobachtet: „Die Christen sein heut eemal im Zuge. Die bringt kee Landrat und kee Verwalter zu Verstande."

Diese aus dem Leiden geborene Sehnsucht aber bestimmt und durchdringt den im Grunde so armseligen Aufstand der verhungernden und zerlumpten Weber. Sie führt zu einer Aufwärtsstimmung, zu einer Hoffnung, die keine realen Wurzeln in ihrer Gegenwart hat. Diese Sehnsucht kennt kein allgemein gültiges Ziel, sie ist ein Weltgefühl, das die armen Weber zum Handeln führt, das ihnen den Augenblick des freien Atmens in der Not schenkt, sie aber auch in Untergang oder noch größeres Leiden führen kann. Und weil diese Sehnsucht Lebensgefühl ist, kann sie nur unter Selbstaufgabe zum Verzicht auf das Handeln im irdischen Bereich und zur Hoffnung auf eine ausgleichende Gerechtigkeit im Jenseits kommen. Das ist im letzten Akt das Schicksal des alten Hilse, der das göttliche Gesetz als absolute Vorschrift nur für den einzelnen, nicht aber als Aufgabe in der Welt sieht. Er flüchtete in seine Sehnsucht, und deshalb kann er seinen Sohn Gottlieb nur vorübergehend überzeugen, einmal kommt auch diesem die Gewißheit, daß der Mensch nicht allein zum Leiden bestimmt ist, mag dieses auch Grundgesetz des Seins sein, daß er aber auch seine „Parte" in dieser Welt zu erfassen hat, wenn es sich nämlich um die Verwirklichung der Gerechtigkeit gegen „höllische Kujone" handelt. Bei allem muß man festhalten, daß Hauptmann grundsätzlich Gegner jeder Gewalt war. In einer seiner Reden sagte er: „Es ist nicht recht, nur das Schwert als Symbol des Nationalen anzuerkennen. Der Spaten des Landmanns, die Hand des Arbeiters, die Kelle des Maurers, das Haupt des Denkers scheinen mir viel bessere Symbole zu sein." Es muß also tiefe Erschütterung über die Not und die aus Ungerechtigkeit erwachsene Verzweiflung der Weber gewesen sein, die ihn zu diesem Werk anregte. Das Drama ist Dichtung der Menschlichkeit und keine Geschichte einer sinnvollen oder gar für aussichtsreich gehaltenen Revolution. Hauptmann gestaltet gerade „die zur Niederlage verurteilte Spontanität der Rebellion der Hungernden und Bedrückten, deren furchtbare Not sich in Verzweiflungsakten entlädt, im individuellen Terror und sogar teilweise in Maschinenstürmerei, die . . . eher rückschrittlich als fortschrittlich war" (Albrecht, S. 27). Es ist Dichtung der Menschlichkeit im Sinne des Klassizismus, also der Sehnsucht nach der Erfüllung aller im Individuum angelegten, seien es auch dem Stande nach bescheidenen Anlagen, die in dem Augenblick zum Ausbruch und zur Gewalt geführt werden, in dem sie und mit ihnen das Individuum in seiner Existenz bedroht sind. Es gibt allerdings keine Frage nach Schuld oder Sühne im klassischen Sinne in diesem Drama, es stehen sich zwei Welten gegenüber, die beide nach den für sie maßgeblichen Gesetzen, denen einer irdisch bewahrenden und beschränkten Justiz oder einer Abwehr letztmöglicher Existenzbedrohung, handeln. Aus der Liebe zum Menschen in jeder Gestalt, vor allem aber zum bedrückten und in seinem primitiven Lebensrecht bedrohten Menschen ist diese Dichtung erwachsen, nicht gemacht, um einer Tendenz zu dienen oder überhaupt nur ein politisches oder wirtschaftliches Ziel anzudeuten, sondern um Menschen, gleich welchen Standes, zum Nachdenken über die Forderung der Menschlichkeit aufzuklären. Es ist persönlichstes Bekenntnis des Dichters, und daraus ergibt sich die bleibende Wirkung dieses Dramas, das Gerhart Hauptmann nicht Tragödie, sondern einfach Schauspiel nannte. Auf dem Höhepunkt der sich scheinbar erfüllenden Sehnsucht, der Freiheit, der Befreiungstat bricht die Tragödie des Weberaufstandes ab. Hauptmanns Menschen haben über den alten Hilse hinweg, der im Grunde auch für ihre Sache gefallen ist, wenn er sie auch nicht verstand und scheinbar sinnloses Opfer bleibt, den Triumph des menschlichen Behauptungswillens gegen alle Vernichtungstendenz erlebt. Der Wille zum Leben, die Sehnsucht, die halt jeder kennt, erweist sich stärker als Bajonette und Gewehre. In dieser Erkenntnis gipfelt das Werk, das nicht Revolution predigt, sondern das ewig gültige Menschenrecht.

5. Hauptmanns Gedanken zum Drama – Stimmen der Kritik

Gerhart Hauptmann hat uns keine geschlossene Dramaturgie hinterlassen. Er hat sich aber häufig und breit über sein Verständnis des Dramas und über sein eigenes dramatisches Schaffen mündlich wie auch schriftlich geäußert.[6])

Hauptmann verstand sich in erster Linie als bildender Künstler, auch in seinem dramatischen Schaffen („Gestalten formen"), und es berührt den empfindsamen Leser intensiv, wenn er sich die pralle Fülle einzigartiger Gestalten aus Hauptmanns (Bühnen-)Welt vor Augen führt, wie sie wohl kein anderer Dramatiker ersinnen, schöpfen und lebendig werden lassen konnte, die alle letztlich aus seinem zerbrochenen Wunsch hervorgegangen sind, sich als bildender Künstler in der Welt zu behaupten.

Die „Weber" haben keinen eigentlichen Helden. Nachhaltig beeindruckt jedoch die Vielzahl der Menschen mit ihren so einprägsamen Konturen, die das Leid in diesem Schauspiel erdulden und das Aufbegehren herausschreien.

Bis zum heutigen Tag gilt als weltweit akzeptierte Besonderheit im dramatischen Schaffen Gerhart Hauptmanns, was P. Rilla in seinem Essay betont: „... Seine Stärke war seine echte Volkstümlichkeit. Er hatte eine echte und ursprüngliche Beziehung zum Volk. Er sprach die Sprache des Volkes, die Sprache der „kleinen Leute", der Bauern und Handwerker seiner schlesischen Heimat. Und aus dieser Sprache gingen Gestalten hervor, die nicht in ihrer provinziellen Sonderart steckenblieben, sondern als innige deutsche Volksgestalten zum unversehrbaren Besitz unseres Volkes wurden ..." (P. Rilla. Zum Werke G. Hauptmanns. In: H. J. Schrimpf. S. 182–193)

---

[6]) Gerhart Hauptmann. Die Kunst des Dramas. Über Schauspiel und Theater. Zusammengestellt von M. Machatzke. Frankfurt–Berlin 1963.

Die frühen Kritiker greifen gerade diesen Aspekt eindringlich auf, und es spricht für ihren Kunstsinn, dieses Eigentliche in Hauptmanns dramatischem Schaffen erkannt, herausgestellt und auch den „Webern" zugeschrieben zu haben.[7])

Alle Hauptmann-Zitate tragen Lebens- und Kunsterfahrungsgehalte in sich. Im Spiegel dieser Aussagen, die sämtlich vom ‚reifen' Dramatiker stammen, relativiert sich manche kleinliche Kritik erheblich. „Das Seelendrama allein ist es, was tief eingreift", notierte Hauptmann 1897. Nichts anderes als Seelendramen sind auch die frühen Schauspiele, unter ihnen „Die Weber".[8])

(1) Wie es heute ist, war es ehemals: es meldeten sich in meinem Innern stets viele Stimmen zu Wort, und ich sah keine andere Möglichkeit, einigermaßen Ordnung zu schaffen, als vielstimmige Sätze: Dramen zu schreiben. Ich werde dies weiter tun müssen, denn es ist bis jetzt meine höchste geistige Lebens- und Ausdrucksform. (VI/ 689)

(2) Es gibt keine Komödie, die keine Tragikomödie wäre . . . In diesem Zusammenhang ist es erlaubt, darauf hinzuweisen, daß Schiller, der eine Komödie zu schreiben selbst nicht fähig war, von ihr sagt, sie gehe einem wichtigeren Ziele entgegen als die Tragödie und würde alle Tragödien überflüssig machen, wenn sie es erreichte. Ihr Ziel aber sei, einerlei mit dem Höchsten, wonach der Mensch zu ringen habe, frei von Leidenschaft zu sein,

---

[7]) Die nachfolgenden Stimmen zu Hauptmann sind dem Band Schwab-Felischs entnommen. Die Originalquelle ist aufgeführt.

[8]) Die Zitate sind folgenden Reden und Aufsätzen entnommen:
„Die Sendung des Dramatikers" (1932) (1)
„Der Baum von Gallowayshire" (1928) (2)
„Goethe auf dem Theater" (1928) (3)
„Von den Möglichkeiten des Theaters" (1930) (4)
„Das Theater wird bestehen" (1931) (5)
„Das Drama im geistigen Leben der Völker" (1934) (6)
„Dramaturgie" (7)
In: Gerhart Hauptmann. Sämtliche Werke. Band VI. – Die Seitenangaben hinter dem jeweiligen Zitat beziehen sich auf diese Quelle.

immer klar, immer ruhig um sich und in sich zu schauen, überall mehr Zufall als Schicksal zu finden und mehr über Ungereimtheit zu lachen als über Bosheit zu zürnen oder zu weinen . . . (VI/792)

(3) Ja, stellen wir ihn ganz niedrig auf den Markt, diesen göttlichen Mann – so etwa, wie Goldini in Venedig steht –, diesen Arbeiter unter Arbeitern, daß ihn jeder von ihnen grüße im Vorübergehen, Worte im Geiste mit ihm wechsle und ihm die Hand reiche. Denn das ist es: er führt in die Arbeit hinein und dann auch über die Arbeit hinaus. Eines Tages wird man es einsehen, daß Goethe einer der besten Erzieher der Deutschen ist. Der Mensch ist letzten Endes das Material seiner Bildnerkraft. (VI/ 798)

(4) Die Tragödien des Aischylos waren heilige Handlungen. Dreißigtausend Volksgenossen saßen im Theater von Athen und hörten, von einem Halbgott erhöht und vorgestellt, was sie selbst im Haupte trugen, das innere Drama, das jeder Mensch mit sich führt. Es wird auf der Plattform des menschlichen Bewußtseins vorgestellt. Es macht jeden Menschen zum Dramatiker. Hätten wir dieses innere Drama nicht, jedes äußere in Leben und Kunst bliebe uns unverständlich . . . (VI/812)

Ist dem Theater nichts Menschliches fremd, so hat es doch auch die Würde der Menschheit zu wahren, was manchmal schwer zu vereinen ist . . (VI/829)

(6) Da ich als Dramatiker gelte, haben Sie wahrscheinlich, als Sie von mir etwas über „Das Drama im geistigen Leben der Völker" hören wollten, nur an eine seiner Kunstformen, die des Theaters gedacht. Aber das Mehr oder Weniger, das Leise oder Lärmende seines Daseins und seiner Volksverbundenheit ist eine allzu schwankende Größe. Das Urdrama, immer und überall gegenwärtig, drückt sich bald zart, bald gewaltig, je nachdem durch das Wort, durch Musik oder durch Kanonendonner aus – und große Dichter sind nur glückliche Zufälle . . . (VI/883)

(7) Sucht euch die Elemente der Dramaturgie in der menschlichen Psyche zusammen! Dort stecken sie.

Das Drama ist doch wohl die größte Dichtungsform. Schließlich werden alle Gedanken dramatisch gedacht, wird alles Leben dramatisch gelebt.

Ursprung des Dramas ist das zwei-, drei-, vier-, fünf- und mehrfach gespaltene Ich.

Ein Drama, das nicht vom ersten bis zum letzten Wort Exposition ist, besitzt nicht die letzte Lebendigkeit.

Die dramatische Kunst fingiert Gegenwart. Sie hat auch einen unsichtbaren Schöpfer, allerdings einen unsichtbar gegenwärtigen, der sich in seinen Geschöpfen dokumentiert.

Das Drama ist nichts weiter als die natürliche Synthese zeitlich und räumlich weit auseinanderliegender dramatischer Einzelmomente im Menschengeist.

Es gibt im Drama außer dem Stofflichen und Formalen noch ein Drittes.

Starke Schicksale sind starkes Leben: deshalb drängt sich das Volk zur Tragödie und zur Leidensgeschichte Jesu.

In der alten Tragödie überwiegt das Sein, in der neuen das Werden.

Jedes Drama ist ein historisches, ein anderes gibt es nicht.

Verbessere deine Arbeitsmethode und du verbesserst dein Werk.

Die Fabel muß einfach bleiben und die Person nicht belasten, damit weniger Fasern und viele saftige Zellen in der Frucht der Dichtung entstehen mögen.

Was man der Handlung gibt, nimmt man den Charakteren.

Episodenfiguren können geschaut, Gestalten des engeren Dramas müssen gelebt sein.

In Fällen, wo wir das Leben der dramatischen Kunstform nicht anpassen können: – sollen wir nicht diese Kunstform dem Leben anpassen? (VI/1036 ff.)

1) . . . Die Freunde des Dichters haben die ,,Weber" mit ,,Wilhelm Tell" verglichen und gerade dieser Vergleich hat meinen Glauben gestärkt. Auch bei Schiller sehen wir, und gewiß in bewegter Theatralik, wie ein geknechtetes Volk sich gewaltsam erhebt; aber Zwing-Uri und der Rütli sprechen zu unserem Empfinden nicht und nur die menschlichen Geschicke Tells und Melchthals greifen uns ans Herz. Solche menschliche Theilnahme findet in den ,,Webern" keine Nahrung, denn da erblicken wir, gleich das Personenverzeichniß verräth es uns, nicht Individuen, sondern nur Gruppen, die Weber und die Fabrikanten, dazwischen ein fluktuirendes Element von Kleinbauern, Städtern, Geistlichen und Subalternbeamten, die unschlüssig zwischen den Herren von heute und morgen zaudern. Daß ,,Wilhelm Tell" kein gutes Drama ist, räumt jetzt jeder Verständige ein; und doch möchte die lärmende Schaar, die sich an Herrn Hauptmann gedrängt hat, uns die ,,Weber" als eine neue Form dramatischer Kunst anpreisen. Wenn aber Stauffacher uns ein gleichgiltiger Mann ist, während der rothe Bäcker, der die Weber zum Aufruhr ruft, leidenschaftliche Sympathie erzwingt, so liegt das eben nur daran, daß soziales Mitgefühl den Kunstanspruch übertönt.

Und doch ist Herr Hauptmann ein feiner Künstler und die weitaus stärkste Natur im jungen Deutschland der neunziger Jahre. Ich liebe ihn mehr, wenn er in die leisen Konflikte einer etwas pedantischen Kleinbürgerlichkeit sich einspinnt; aber die ganz ungewöhnlich sichere Beobachtung kleiner und kleinster Wesenszüge und die Fähigkeit, in knapper und fast immer konsequenter Sprache eine Individualität zu enthüllen, ist ihm auch in den ,,Webern" treu geblieben und die Prachtgestalt des wundervoll liberalen Fabrikanten, der sofort in ein Kommunalamt oder in einen Bezirksverein versetzt werden könnte, lobt laut ihren Meister.

Maximilian Harden
In: ,,Die Zukunft", Berlin, 11. März 1893

2) . . . Mit wie sicherer und tapferer Hand der Dichter den Stoff im einzelnen gestaltet hat, läßt sich aus unserer flüchtigen, nur für einen beschränkten Zweck entworfenen Skizzierung des Schauspiels natürlich nicht entnehmen. Gerade das Fernhalten aller bürgerlichen Romantik und das Festhalten an dem historischen Verlauf der Dinge machte die Aufgabe des Dichters um so schwieriger und macht ihre gelungene Lösung um so erfreulicher. So wie Hauptmann den gegebenen Stoff nahm, mußte er die Massen selbst in dramatische Bewegung setzen, und noch dazu in einer mit episodenhafter Breite sich langsam fortschiebenden Handlung, ohne die auf- und absteigende Bewegung um einen beherrschenden Mittelpunkt. Es war bis zu einem gewissen Grade ein Bruch mit aller bisherigen Bühnentechnik, den Hauptmann unternahm, und das kecke Wagnis ist ihm in hohem Grade gelungen. In hohem Grade, denn an manchen Einzelheiten mag man mit Recht oder Unrecht mäkeln. Aber jeder neue Wurf hat das gute Recht, aufs Ganze und Große hin geprüft zu werden, und da gebührt dem Dichter der „Weber" ein kräftiges Glückauf!

Keine dichterische Leistung des deutschen Naturalismus kann sich nur entfernt mit den „Webern" messen; eben deshalb machen sie aber auch der großmäuligen Spielart des Naturalismus den Garaus. Sie stehen in schärfstem Gegensatze zu jener „genialen" Kleckserei, die irgendein beliebiges Stück banaler und brutaler Wirklichkeit mit photographischer Treue abkonterfeit und damit wunder was erreicht zu haben glaubt. Die „Weber" quellen über von echtestem Leben, aber nur, weil sie mit dem angestrengtesten Fleiße eines feinen Kunstverstandes gearbeitet sind.

Franz Mehring
In: „Die Neue Zeit". Berlin, Jahrgang 1892/93 (Heft 24)

3) . . . Der Dichter verschwindet hinter dem Kunstwerk; und nur darüber kann Streit sein, ob dieses Werk wirklich ein Kunstwerk, ein Drama ist.

Ein Drama ist eine Dichtung, die auf der Bühne wirkt. Diese Wirkung haben „Die Weber" vor dem Publikum des Deutschen

Theaters in höherem Grade erreicht als irgend ein andres Werk der neueren Literatur. Ein Kunstwerk ist ein Werk, das in sich eine Welt in bestimmter Form umschließt. Daß sich in den „Webern" eine Welt umschließt, wird nicht geleugnet werden können. Es fragt sich nur, ob die Form künstlerisch ist. Man vermißt einen Mittelpunkt und in diesem Mittelpunkt einen Helden, auf dessen Leidensscheitel alles das gehäuft ist, was bei Hauptmann auf so viele Schultern vertheilt wird.

Ein solcher Held entspricht nicht dem Stil des Gegenstandes. Noth und Armuth sind nicht vorhanden, wenn sie nicht bei vielen vorhanden sind. Und auch ein Aufstand ist nicht ohne Zusammenrottung vieler denkbar, die ihre Einheit, ihren Mittelpunkt in dem unsichtbaren Gedanken haben, der sie ein und demselben Ziele entgegentreibt. Mag man nun diesen einen Gedanken in den „Webern" mit Spielhagen als die Noth erkennen, oder mag man ihn unbestimmter als Volkesstimme bezeichnen – vorhanden ist dieser eine Mittelpunkt; und in dem Weberliede, das da hetzt und hitzt, findet er seinen faßbaren Ausdruck. Der unbekannte Dichter dieser Strophen ist, wenn nicht der Held, so doch der heimliche Intrigant, der die Ereignisse in Fluß bringt und durch die fünf Akte hindurch friedfertige Menschen bis zum Raub und Blutvergießen treibt.

Von den „Webern" wird man in ihrer ganz besonderen Form dasselbe sagen durfen, was Karl Werder von Lessings „Nathan" sagte, den die Aesthetiker auch nicht in ihr Schema einzuzwängen wußten: auch die „Weber" haben ihre eigne Aesthetik, sie sind ein Werk sui generis. Wie der „Nathan" nicht durch eine Tendenz, sondern durch seine literarische Größe etwas zu bedeuten hat, so muß es auch mit den „Webern" sein.

Paul Schlenther
In: „Vossische Zeitung". Berlin, 27. September 1894

4) . . . Was Gerhart Hauptmann für seinen Stoff begeisterte, das war zunächst wohl das Revolutionäre darin; aber nicht ein berechnender Politiker schrieb das Stück, sondern ein echter Dich-

ter, den einzig das Elementare, das Bild von Druck und Gegendruck reizte.

Die „Weber" wurden als Revolutionsdrama gefühlt, gedacht und es wäre schöner und wohl auch von unmittelbar noch mächtigerer Wirkung gewesen, wenn es sich ermöglicht hätte, das Stück in dieser seiner Einheitlichkeit durchzuführen. Es ermöglichte sich aber nicht und Gerhart Hauptmann sah sich, und zwar durch sich selbst, in die Nothwendigkeit versetzt, das, was ursprünglich ein Revolutionsstück sein sollte, schließlich als Anti-Revolutionsstück ausklingen zu lassen. Es ließ sich nicht anders thun, nicht blos von Staats- und Obrigkeits-, sondern, wie schon angedeutet, auch von Kunst wegen. Todessühne, Zugrundegehn eines Schuldigen, das ist ein Tragödienschluß, Radau und Spiegelzertrümmerung nicht. Das ist einerseits zu klein, andrerseits die reine Negation. Wir wollen das Unrecht unterliegen, aber zugleich auch das Recht (das kein absolutistisches zu sein braucht) triumphiren, sich als rocher de bronce stabiliren sehn. Was triumphirt, muß des Triumphes würdig sein. Hier aber, im Schluß des vierten Aktes, hätte der revolutionäre Sieg nichts bedeutet, – was zu wenig ist – den Sieg der Rache. Das Einsehen davon schuf den fünften Akt. Auch in ihm, – wiewohl er nicht blos ein Verstandes- sondern sogar ein Widerspruchsprodukt ist – bewährt sich noch Gerhart Hauptmanns großes dichterisches Talent, aber doch mit der Einschränkung, die sich aus dem alten „gebt ihr euch einmal für Poeten, so kommandirt die Poesie", von selbst ergiebt.

Der fünfte Akt ist ein Nothbehelf, ein Zwang, aber, was uns trösten muß, ein Zwang, der nicht blos in Klugheitserwägungen oder wohl gar in von außen kommenden Einflüssen, sondern viel viel mehr in der eigenen Einsicht von der Unvermeidlichkeit einer solchen Zuthat wurzelt.

Daß dadurch etwas entstand, was revolutionär und antirevolutionär zugleich ist, müssen wir hinnehmen und trotz des Gefühls einer darin liegenden Abschwächung doch schließlich auch gutheißen. Es ist am besten so. Denn das Stück erfüllt durch dieses Doppelgesicht auch eine doppelte Mahnung, eine, die sich nach oben und eine andere, die sich nach unten wendet und beiden Parteien ins Gewissen spricht.

In einer gewissen Balancirkunst des fünften Aktes gegen die vier voraufgegangenen, erinnert das Stück an Schillers Tell.

Theodor Fontane
In: „Das litterarische Echo". Berlin, 1. Jahrgang 1898/99, Heft 2

6. Literaturverzeichnis[9])

G. Albrecht: Gerhart Hauptmann. Berlin 1954

J. Améry: Gerhart Hauptmann. Der ewige Deutsche. Mühlacker 1963

C. F. W. Behl/F. A. Voigt: Chronik von Gerhart Hauptmanns Leben und Schaffen. München 1957

H. von Brescius: G. Hauptmann. Zeitgeschehen und Bewußtsein in unbekannten Selbstzeugnissen. Eine politisch-biographische Studie. Bonn 1976

J. Chapiro: Gespräche mit Gerhart Hauptmann. Berlin 1932

J. Chodera: Das Weltbild in den naturalistischen Dramen Gerhart Hauptmanns. Poznan 1962

H. Daiber: Gerhart Hauptmann oder Der letzte Klassiker. Wien – München 1971

P. Fechter: Gerhart Hauptmann. Berlin 1948

J. Gregor: Gerhart Hauptmann. Das Werk in unserer Zeit. Wien 1951

G. F. Hering: Gerhart Hauptmann. Buchreihe des Düsseldorfer Schauspielhauses. Düsseldorf o. J.

E. Hilscher (L): Gerhart Hauptmann. Berlin (Ost) ³1979

F. W. Heuser: Gerhart Hauptmann. Zu seinem Leben und Schaffen. Tübingen 1961

S. Hoefert (L): Gerhart Hauptmann. Stuttgart 1974

H. Mayer: Gerhart Hauptmann. Velber 1973

P. de Mendelssohn: Von deutscher Repräsentanz. Thomas Mann – H. Mann – G. Hauptmann – H. Hesse. München 1972

---

[9]) In den mit (L) gekennzeichneten Titeln findet der Leser weiterführende bibliographische Hinweise.
Der Umfang der Hauptmann-Literatur (allein in Deutschland) ist gewaltig. Hinweise auf neuere Erkenntnisse zum ,,Weber-Drama" haben wir nicht auffinden können.
Nach wie vor gilt (auch für uns) Schwab-Felischs Dokumentation zum Schauspiel als die maßgebliche.

H. J. Schrimpf (Hg.): Gerhart Hauptmann. Wege der Forschung. Darmstadt 1976

K. L. Tank (L): Gerhart Hauptmann. In Selbstzeugnissen und Bilddokumenten. Hamburg [8]*1968* *

R. C. Cowen: Der Naturalismus. Kommentar zu einer Epoche. München 1973

R. C. Cowen (L): Hauptmann Kommentar. München 1980

K. Gafert: Die soziale Frage in Literatur und Kunst des 19. Jhs. Theorie – Kritik – Geschichte. 2 Bde. Kronberg 1974

K. S. Guthke: Wege zur Literatur. Bern – München 1967

R. Hamann/J. Hermand: Epochen deutscher Kultur. Naturalismus. Frankfurt 1977

H. E. Holthusen: Kritische Versuche. Ausgewählte Essays. Stuttgart – Zürich – Salzburg o. J.

S. Melchinger: Geschichte des politischen Theaters. 2 Bde. Frankfurt 1974

R. Poppe: Gerhart Hauptmann: Der Biberpelz – Die Weber – Vor Sonnenaufgang.(Analysen und Reflektionen Bd. 32) Hollfeld 1978

G. Rühle: Theater in unserer Zeit. Frankfurt 1976

P. Szondi: Theorie des modernen Dramas (1880–1950). Frankfurt [11]1975

W. Vogelpohl: Deutsche Dichtung. Eine Darstellung ihrer Geschichte. Stuttgart 1951

*

H. J. Geerdts: Gerhart Hauptmann. „Die Weber". Jena 1952 (Diss.)

K. May: „Die Weber". In: Das deutsche Drama vom Barock bis zur Gegenwart. Hrsg. B. v. Wiese. Bd. II. Tübingen 1960, S. 157–167

H. Rabl: Die dramatische Handlung in Gerhart Hauptmanns „Webern". Halle 1928

H. Schwab-Felisch: Gerhart Hauptmann. Die Weber. Dichtung und Wirklichkeit. Frankfurt – Berlin – Wien 1973

H. M. Wolff: Der alte Hilse. In: H. J. Schrimpf. G. H. Wege der Forschung, S. 250–259.
Aus: K. S. Guthke/ H. M. Wolff. Das Leid im Werke Gerhart Hauptmanns. Bern 1958, S. 65–73